DESPERDIÇANDO RIMA

DESPERDIÇANDO RIMA
Karina Buhr

FÁBRICA231

Copyright © 2015 *by* Karina Buhr

FÁBRICA231
O selo de entretenimento da Editora Rocco Ltda.

Direitos desta edição reservados à
EDITORA ROCCO LTDA.
Av. Presidente Wilson, 231 – 8º andar
20030-021 – Rio de Janeiro, RJ
Tel.: (21) 3525-2000 – Fax: (21) 3525-2001
rocco@rocco.com.br
www.rocco.com.br

Printed in Brazil/Impresso no Brasil

Designer: Mozart Fernandes
Ilustrações: Karina Buhr

CIP-Brasil. Catalogação na fonte.
Sindicato Nacional dos Editores de Livros, RJ.

B947d   Buhr, Karina
        Desperdiçando Rima / Karina Buhr. – 1ª ed.
        – Rio de Janeiro: Fábrica231, 2015.

        ISBN 978-85-68432-14-3

        1. Poesia brasileira. I. Título.

15-19161   CDD-869.93
                        CDU-821.134.3(81)-3

Impressão e acabamento
GRÁFICA STAMPPA LTDA.

Pra Alexandre amor
Alexandre irmão
Pri irmã
Ingrid mãe
e tia Susi.

Pros Môs
Tati Rodello
Guga Cutelo
...
...
...
...
Pra Serena, mãe Edenis e Ró.

Obrigada, Clara Averbuck e Xico Sá, pelos conselhos a jato.
Marina Lima e Gregório Duvivier!
Editora Rocco e Mariana Rolier, pelo convite emocionante!
Gustavo Ranieri e *Revista da Cultura*, pela instiga...

A Peleja do Prefácio

A tentação do trocadilho rasteiro é quase irresistível, sandalinha no verão...
Principalmente prefácio próprio.
Não sei se eu digo... prefácio é difícil.
Mas aqui está ele pra quem gosta.
Quem, como eu, não gosta, pule sem dó!

Vou só me apresentar.
Um cara que tinha um fanzine que, desculpa, não lembro qual, há muitos anos, em Olinda, na frente dos correios, me perguntou
— Por que Karina Blue?
— É nome de chacrete, eu gosto. Pode pronunciar "Bur", vovô me dá licença.

E assim tem sido.

Esse aqui é um primeiro livro.
Quando era pequena lia muito, depois parou.
Ficava no pódio de Cirandas de Livros da escola, aquela situação confortável com a sociedade. Depois passou.
Sofria com isso de ter passado, comprava os livros e não lia, ficavam ali enfeitando, as visitas achando bonito eles na estante.

Mas aí eu, que não tinha medo de avião antes, passei a ter depois. E um tempo depois ainda, me pegava feliz de pegar um avião, porque lá em cima não tem internet e posso ler em paz.
Tem voo que tem, tá certo, mas ainda não peguei desses. Ô glória!
Então voltei a ler, assim, do medo de avião, que me sacudiu de novo nas turbulências livreiras.
Obrigada, força aérea!
Não a militar, a dos ares mesmo.
A militar de jeito nenhum, mas aí já é outro livro.

Nessas páginas que vão começar logo mais tem umas coisas diversas, coisas que, a princípio, não são músicas, mas depois de começado o samba, que elas virem o que quiserem, ou fiquem quietas aqui, esperando algum suspiro de alguém que passe por elas.

Tem uma só que já era música, mas quis que morasse aqui mesmo assim. "Falta de Sorte". Está no disco *Vou Voltar Andando*, da Comadre Fulozinha.

As outras páginas têm sortimentos variados, cheiros azedos, gostinho doce e mais ou menos.

Não tem isso de tema.
Tema é qualquer coisa que respira ou que, quando vê, suspira.

Isso de tema não vale tirar por ele, muito menos eu tentar explicar qualquer coisa do que acontece entre ele, meu olho, minha mão e o que aparece nesse livro pra você.
Você.
Falo com a parede enquanto escrevo isso, mas deve estar fazendo algum sentido no momento em que lê.
Espero.

Algumas coisas que estão aqui nasceram a partir de uns textos publicados na minha coluna na *Revista da Cultura*, mas modificados, porque é estranhíssimo ler suas próprias coisas e ainda mais tempos depois.
Só é menos estranho do que ouvir a própria voz em músicas...
O resto, que é quase o livro todo, é de agora now, mês passado e esse mês, do ponto de vista daqui de onde escrevo.

E aí parti pra heresia geral, sopinha de letras, até virar livro.
Algumas cartas, recados, bilhetes falseados, mixados, esticados, encolhidos e costurados com as coisas que nasceram aqui mesmo, no festejo, na guerra, na saudade, no desperdiçar de rimas.

Acabou o prefácio.
Toca ler esse livrete que eu não canto gabinete, não sou cantor pra ninguém!

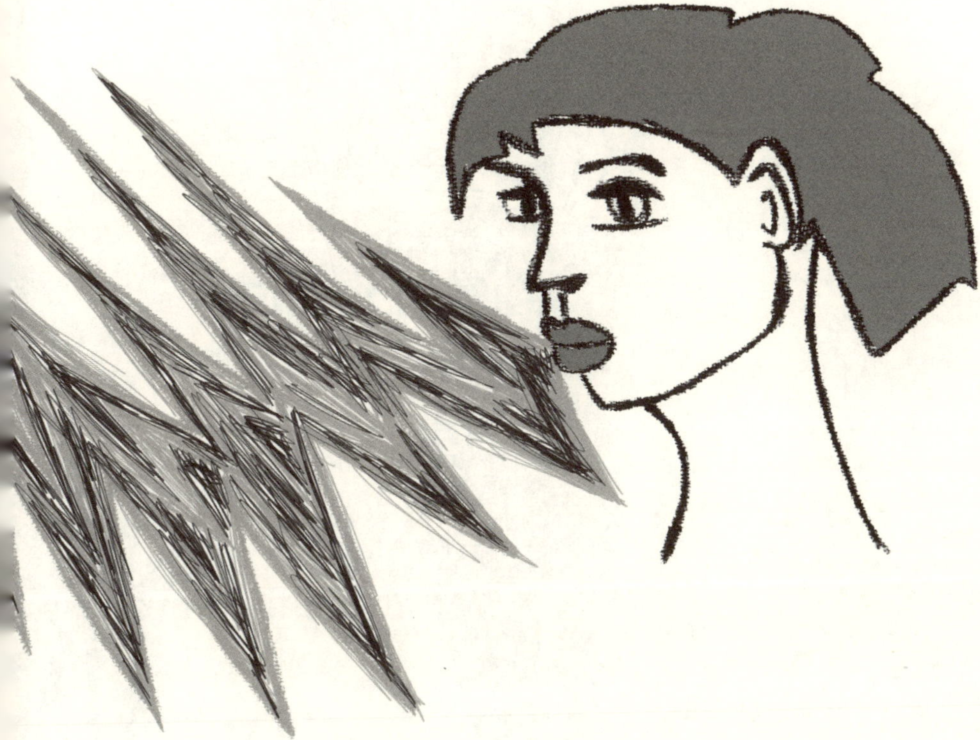

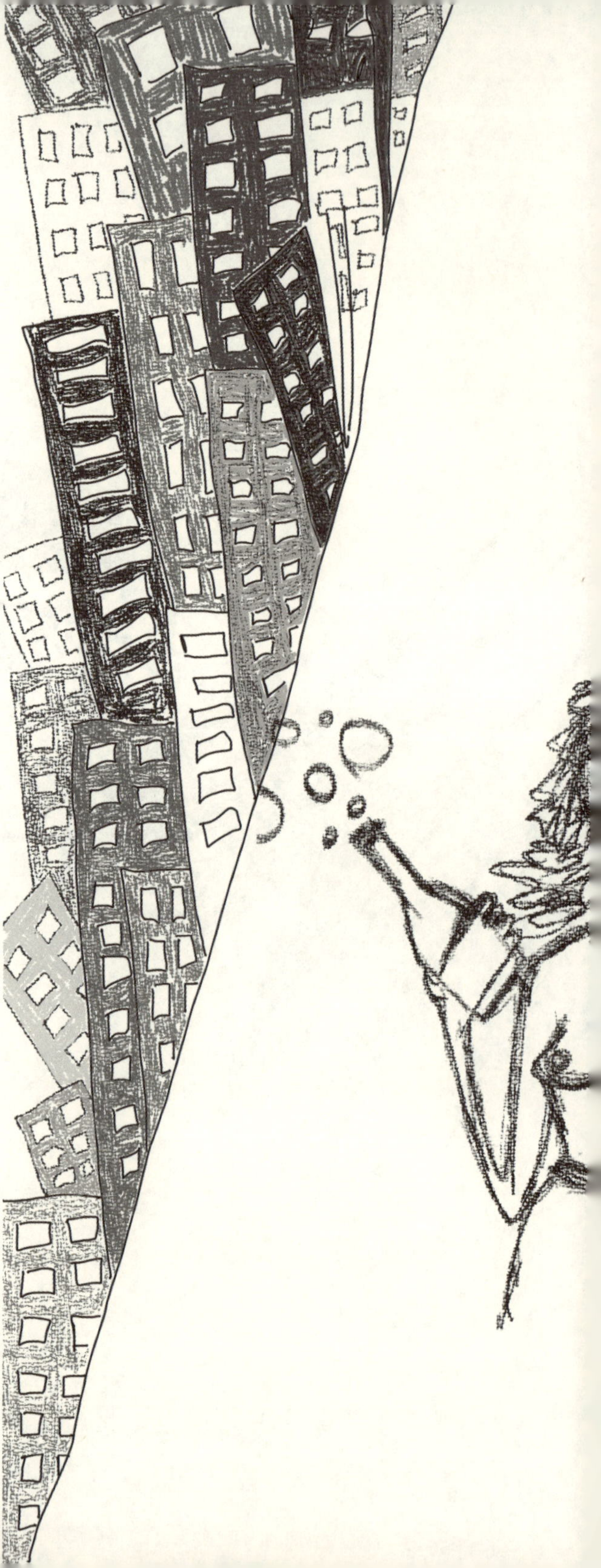

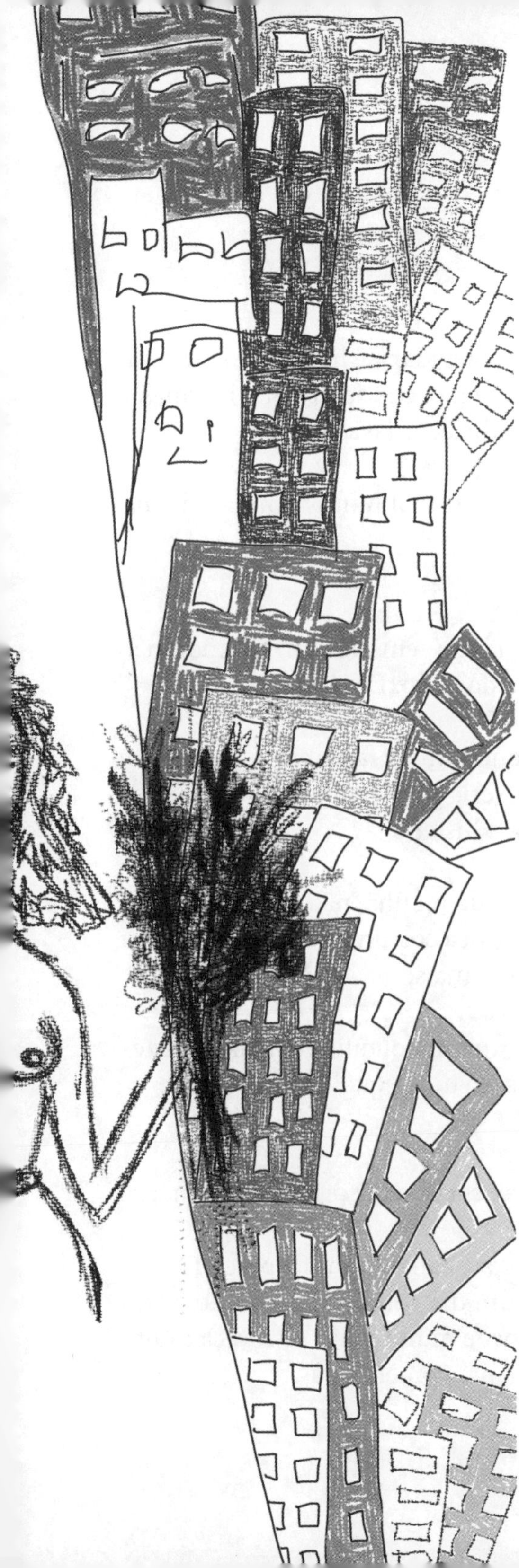

Ano-Novo

Era um palavrão atrás do outro, graças a deus!
Se ficasse entupida, como ia conseguir revidar, se mexer, movimentar a planície inteira de agonia das suas emoções sempre as mesmas e aquela sensação congelante que todo dia acordava com ela?

Aguava as plantas de mau humor, depois bom humor com as plantas bonitas.
É cara dela isso.

Toma banho economizando água quando tem alguém. Quando não tem ninguém, gasta logo a água toda do poço. Enxágua bem muito.

Era dia de ano-novo, então tudo o que tinha a fazer era esperar hora passar. Quando menos esperasse já seria dia seguinte, novos fluidos, pelo menos para os outros e findaria a histeria.

Faltava muito ainda, eram oito e meia da manhã, não é possível.
Já lavou roupa devagar, pratos na preguiça costumeira, só faltava fazer almoço, mas almoçar também já era demais.
Almoçar não estava nos costumes do lar.
Era café da manhã três vezes por dia ou um pouquinho mais, às vezes.
Uma cachaça aqui e ali, nada demais, só uma equalização mesmo.
Ao almoço, pois.
Almoçado.
Duas da tarde, chega a Páscoa mas não chega o dia primeiro, avemaria!

O povo passa sacola pra cima, sacola pra baixo, caras de peso além do que aguentam, é um dia especial, é um dia como nenhum outro, um dia em que se come muito mais, se bebe muito mais, se abraça muito mais e se fica acordado até de manhã pra comer frutas.
Não compreende.

Resolveu ir ali rezar, nunca mais tinha feito isso.
Se fizer efeito conseguirá que anoiteça logo, pra amanhecer mais rápido ainda.

Já é pôr do sol e nem parece.
Em São Paulo no verão demora demais pra ficar de noite.
Mas por outro lado é bom porque, quando vê, já é bem tarde.
Não existe mentira maior que essa, mas tudo bem.
Principalmente no último dia do ano.
Tá parecendo último dia da vida das pessoas. Sinceramente, minha gente, não tem novela hoje?!

Ir pro cinema foi a próxima decisão, vai que dorme na sessão, que beleza (feito da outra vez...). Ficaria lá umas seis horas seguidas, no friozinho e, quando visse, era hora do shopping fechar e o moço acordaria ela.
Odeia shopping. Sair do cinema e estar num shopping aceso e ativo.
Tão melhor sair por rua, de preferência escura, depois de filme.

Mas ela tentou o plano. Não deu certo.
Não dormiu, mas o filme era ruim. Talvez até por isso, porque, com a sorte que tinha, só dormiria se o filme fosse bom.

Saiu de oito horas da noite.
Que esse povo tanto faz na rua, pelo amor de deus! Tudo engarrafado, rush sufocante e não são dezoito horas de um dia de semana, são oito de um feriado!

Vai então andando pra casa.
A melhor ideia do dia.
Pensou ela nas coisas passadas, no que aconteceria no futuro, comprou um bolo barato, pra comer com café em casa.
O pé já doía de tantos quilômetros, mas não se importava, já ia dar dez da noite e daria tempo de comprar a sidra, tomar banho 7 ervas demorado e botar a roupa branca, correndo, que já vai dar meia-noite e não pode deixar passar em branco.

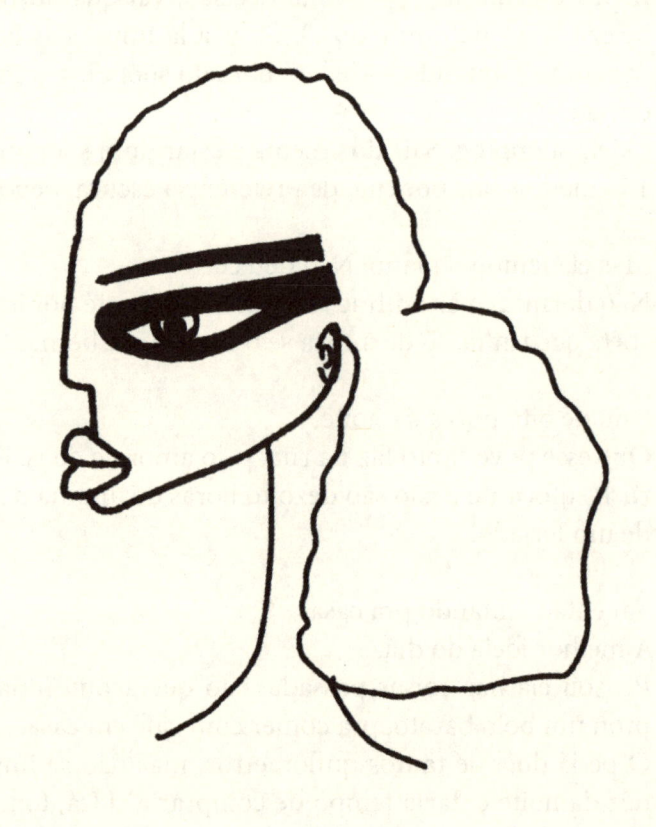

GOIABADA SECA

Li seu recado e não gostei.
Fui espairecer, bater perna, conhecer rua, desistir um pouco, lanchar e remendar meu patuá, pensando nos motivos que eu tinha, na razão que você não tinha e o quanto podia me gabar.
Repeti, um por um, todos os motivos, um por todos, imaginários, reais, os do bolso, os do sangue quente no osso.
Passou um homem correndo, vingança no corpo.
Assustou o povo.
Susto ruim o pessoal costuma achar ótimo.

Quem pensa agora sou eu, mas quem foi passear mesmo foi ela, a mulher de quem comecei a falar agora.
Ela sim estava feliz, radiante e seguia.
A gente sabe disfarçar, né? Fazer de conta, direitinho, que está tudo bem.
Não, eu não li o recado.
Tudo bem.
Então foi assim e fui olhar a vida da mulher da casa do lado, pra achar graça da vida dos outros.
Disfarce direitinho mesmo, a gente faz!
Cara de festa, de presépio, de surpresa. A gente vai seguindo besta, comprando coisa, até morrer.

A vizinha bota sombra azul no olho e o som baixo toda vez. Acho que quer ouvir alto, mas tem preguiça de arcar com as consequências.
Polícia é lasca depois das dez.
Em alguns lugares é lasca o tempo todo, mas aqui nessa rua, depois das dez, uma música a criatura não pode ouvir.

Aí vai dormir e sonha com sirene, salão de baile, ambulância. Ela ficou contando alto, toda otimista, pro vizinho do outro lado.

Tô percebendo o movimento.
Mas dorme um sono tenso, se for como ela diz que é.
Até de olho aberto, sonho tenso.
Aí acorda, levanta e sai, sabe nem que horas volta e já sai com fome, bem cedinho.
Insones on a essa hora ainda hão de dormir.

A rua dela e minha fica em São Paulo, a cidade maior de todas, a mais veloz de todas, mesmo com 500 quilômetros de lentidão.
Dia de jogo então, tem chance não de sobrevivência. E ela disse que ia ter jogo hoje.
Brasil e Corinthians.
Pelo menos foi o que eu ouvi.

E lá vai eu lembrar do danado do bilhete! Só porque é tarde e a casa está vazia.

Esse negócio de amor parece controle remoto de televisão, sem pilha.
Fica ela ligada lá, mas sem som, nem imagem, porque você perdeu o controle.

Parece também pedaço de goiabada na mesa, de madrugada, cheio de formiga e meio seco, mas vermelho ainda quando você chega com fome.
Tá seco, mas é o último doce que resta.
O doce mais doce da casa, da maior goiaba do mundo, o último tempero da festa.

A maior roubada do mundo.
No fim mente pra mim, finjo que acredito e ainda peço desculpas.
Você tem a técnica.
Nesse momento o que mais quero é que chegue amanhã, pra ver de novo a novela da vizinha. Vicia mesmo.
Até me vingo um pouquinho no repasse da história.
Só um exagerinho.
Vingar é amargo pra quem vinga.
O contrário da goiabada da madrugada.

Fui fazer um café. E li a entrevista, que não sei quem fez, com o neonazista russo gay. Um rapaz que é o contrário dele mesmo, duas vezes. Teve isso mesmo.
Não entendi, mas existe.

Ruiu meu cerebelo, vou dormir de bucho cheio de goiabada, jurando que o coração tá cheio de amor machucado, mas tá só de saco cheio, o coitado.
Todos querem a roupa de coitado.
A roupa de coitado é mais leve que o fardo do culpado.

Amanheceu.
Passou sombra azul no olho e saiu de novo.
Caiu, bateu a testa no muro e sangrou.
Vai fazer casquinha feia. Não se importou e correu.
De tanto prestar atenção desisti da minha agonia, escrevi uma história, tomei um gole, ela tomou também, ela também esqueceu.

E mirabolantemente seu telefone sumiu do meu.

NA BANCA DE REVISTA
BUCETA
PUNHETA
E REGIME

NO MÁXIMO
BEBÊS

NO MÁXIMO
DECORAÇÃO E JARDINAGEM

Pescada

Anzol de metal passa rente à retina
franzina ainda a peixa flutuava
freava a seiva do mal
normal se sentir segura
com uma corrente dessas
o ouro, a roda fortuna
a duna, a lama do rio
friazinha

Não precisa britadeira pra furar mais
sais e açúcares, não brinques
nem roube os ais

Um ai alheio é sempre menos dor
porque a dor cada um sabe a sua
sem dor ninguém nem dorme
nem acorda, nem atravessa a rua

A dor é o galope que alimenta
o trote, a morte e a nascença
garantia de brilho e sorte
a quem renegue o porte
do açoite trazido com a morte

Sorte feita pra poesia
não leva vento nem adia
a cor vermelha do corte
se comporte como manda a seta
desenhada no meio da via
se não quer da vida garantia
não se jogue, nem pule, se encolha
não faça escolha, nem bolo
consolo de pulha é canto de olho

Santo de molho de cabeça pra baixo
pra trazer alguma benfeitoria
fome que resolve com poesia
é aquela de dia brilhosa e menina
à brinca, à vera e sol a pino
não sente saudosa o som do sino
que causa lembrança cortês
da rima do amor da vez
e lembra a cara do menino

Sem hino faz ode nenhuma
nem nenhum canto imagino
de pranto o salgado que fica
é fita pendurada na memória
quem planta tem saudade e história
que agita e facilita a festa
o brilho pra olhar da fresta
na certa não tem quem lhe fale

seresta, dança e baile
não faz quem não acredita
paixão nem pequena nem sucinta
nem frase nem oração
de ação em ação vive a besta
no fundo de cada um
de raiva padece nenhum
aos vivos o que lhes resta
um prego pregado na testa
que nem dizem foi com Jesus
mas nem arrasta nem se aplica
a quem o pranto conduz

nem no escuro nem na luz
vale assalto ou trambique
nenhum cinto que se aperte
nem castigo que se aplique
há quem fique estupefato
no mato, jogado na dúvida
nem música que bota em perigo
nem mendigo sua canção

nem ação boa se almeja
quando se está encantada
no peito ribanceira criada
jeito nenhum que tinha
sentia o corpo na beira
quase caindo precipício
no início era só indício
que o vício em você começava

na beirada a mão suava
de medo, saudade e alívio
encontrava a vontade e o ofício
tudo de uma só vez
daqui só se leva nada
e nada é o que se tem
se tenho o que me convém
na hora em que acredito
na certa venceu o princípio
e a lida me passou a vez

Comunicação Estranha

Som defeituoso, ela tinha zumbido no ouvido, comunicação travada entre todos e ela, figura estranha, apreciando os defeitos que, graças a deus, eram dos outros.
Mas apreciava os próprios também, de alguma maneira.
Percebeu o afastamento do eixo do seu planeta de ideias do sentido formal das coisas. Na certa não entendeu isso direito, mas tinha a ver com um lugar no juízo, onde seus pensamentos ficavam e com o qual ela, às vezes, perdia o acesso.
Onde estavam bem guardados, mas não eram gavetas educadas, de onde pudessem ser tirados a qualquer hora e trazidos pra luz.
Luz era, na verdade, o que faltava nesse emaranhado empoeirado de pensamentos.
O que eu quis dizer, com a descrição sentimental, é que é confuso mesmo falar sobre o que se pensa ou pelo menos entender o que eles explicam, ali onde estão, os pensamentos.

E escorrendo caneta e tinta, entre os dedos e embaixo da mesa, iam elas, todas as letras, caindo bêbadas, do lado da rua barulhenta e aí talvez soassem músicas, vindas de vapores quentes de estrelas diurnas, com diálogos de criaturas graúdas, de outros mundos, vidas de Júpiter, Urano, Plutão.
Plutão não.
Tudo cabia no seu cinema pessoal sound round and round.
Chamava-se loucura, aos olhos dos outros.

Gosta de defeito, ela é de Saturno.
Num movimento calado de sua mente, faz uma ideia nervosa e defeituosa dela mesma. Como se ela própria fosse um olhar dos outros.
Soturna.
Essa ideia de ver a loucura chegando perto, voando rasante, raspando a cabeça, conexões vazando, ressoando, doideira aleatória, isso aí é boia, é dia a dia.
Aí não tem mais volta. Arde ainda mais pensar que tem.

De verdade, verdade mesmo, não se importava. Feito animal lento, de olhos brilhantes e hábitos noturnos, lia devagar o apurado do dia, do escrito nas páginas brancas e depois que escrevia, esquecia pela casa, perdidos, os pedaços de bilhetes guardados, pra fingir que não eram poesia, que era por acaso, pra ter essa garantia, da aprovação da sujeita do conto de fadas.

O crivo da princesa rosa, que ganhava cravo, Lírio, dama-da-noite, dente-de-leão, mas, se fosse falar à vera, nunca sentia o gostinho da rosa, o quentinho da prosa, era só arranhão de espinho.
Chamava-se orgulho, embora da palavra não gostasse, nem seu gostar importasse, mas era, no mínimo, uma alegria ver o gostar da princesa. Um cocar de alegrias e cores além rosa, elogios sem som. Na verdade, na verdade mesmo, não gostava dessas fases de se dar atenção e, mesmo que gostasse, cada uma era específica, dependia de tudo, de gosto pessoal, de idade, do humor do dia, então, qual garantia?

Então com as letras estava tudo bem, palavras também, um monte de porcaria pelo chão, fala a verdade. Frases de efeito contrário.
Mas isso não fazia diferença alguma pra provar sanidade sua nos olhos dos outros. Os olhos dos outros sempre veem refresco.
Isso às vezes é até uma sorte.
Odiava os olhos dos outros. Mesmo quando gostava.

Mas a noite guardava coisas, justo o que não cabia no dia.
Porque devia prestar contas de ações suas, pensamentos dos outros, do conjunto inteiro das pessoas. Mas sabia que pensamentos de um conjunto inteiro não se atribuem a um. Todas as melancolias, tristezas, destrezas, mesmo pequenas, precisava anotar, fichar, catalogar, descrevendo o tipo de anomalia.

Que responsabilidade cravar nos fichários tristezas alheias, justo no momento de sua saudade das próprias frases. De suas fraudes particulares. Assim roubaria todas e cuspiria de volta as que eram dos outros, com uma velocidade espantosa.
O diabo da loucura é que ela confunde as certezas.
Mas achava que não era o caso.

E aquele passado escrito, mesmo sendo dos outros, de algum jeito lhe pertencia, porque ficavam seus bilhetes no relento, como se não fossem cuidados.
No fim do dia recolhia tudo e só lia, do que eles diziam, o sumo de cada um.
Manicômio judiciário.

O trabalho consistia, a partir de agora, em se responsabilizar pelo silêncio da noite, pra dormirem em paz os tais outros, e pelo barulho da manhã, pra acordarem idem.

Cada qual com seu emprego.

Cordão Encarnado

Acintura o cinto o vestido
todo dormido, passado e vermelho
todo plissado, alvejado e manchado
das horas queridas distraídas
sentindo quase insegura e moída
diante de tamanho luxo
mas no fluxo, parelha de sangue,
o mesmo vermelho animal de mangue
na sua saia borrada por baixo
que ninguém fora ela vê
aproveitou sempre, à mercê do tempo
e a g u e n t a t u d o o q u e c r ê

Aguenta Nem Tudo o Que Crê

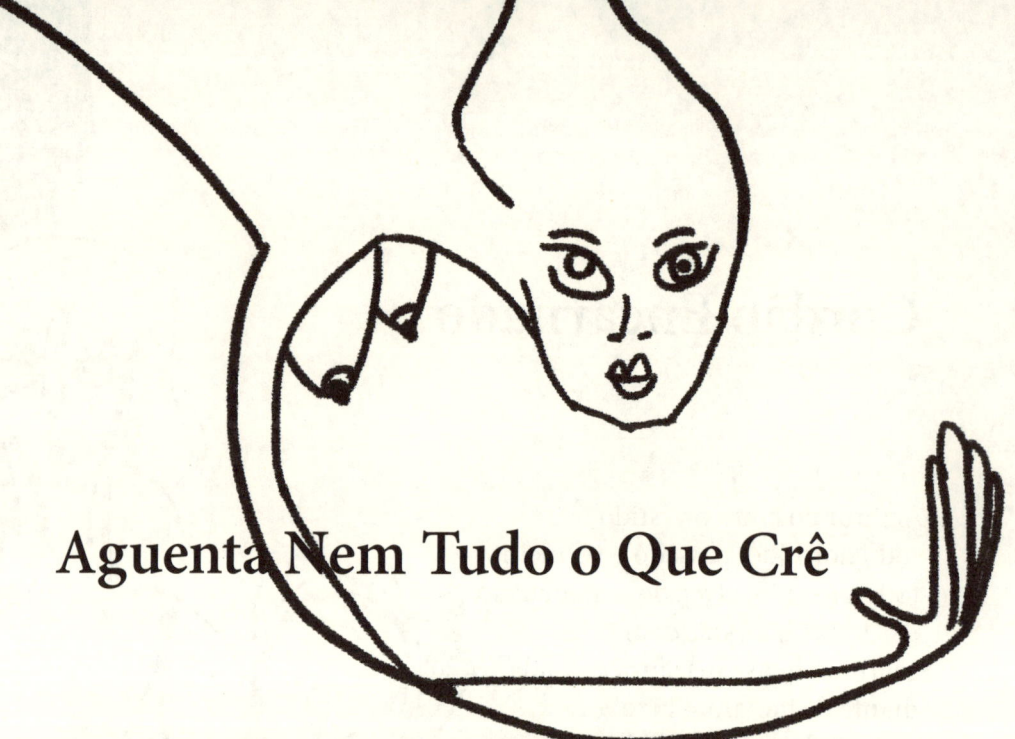

O ouro da crença e da ciência se mistura com o pó da terra.
Me erra, me alcança cedo, promovendo com sapiência
o andar, o cego quebranto
segredo de sobrevivência é levar falta de vez em quando,
perder matérias brincando

Etéreas venetas seguras
ditaduras, escravidões, cometas,
ovnis, poderosos homens
horrorosos sanguinolentos
cimento da burrice ignóbia
que pomposa fomenta lamentos
lentos, dolorosos tormentos
sob povos imperarão
podres de posses jumentos
governaram e governarão.

POR MERECIMENTO

Durante algum tempo só me importava com a sua chegada. Não tinha exatamente um controle de qualidade, era principalmente uma maneira de me manter educada, demônio sedado.

Depois te recebia. Braços abertos bruços.

Você era estilo prêmio semibom, superlombra selfie sexo de si mesmo, ego ótimo, bastante hipervalorizado pelo entorno e eu, a essa altura, parecia embarcar na alta do passe e entendia ter uma sorte plena, pelo meu merecimento, pelo bom comportamento.

No dia a dia não via essa figura, assim, tão atenta a minha figura mesma, mesmo conhecendo direitíssimo, era tão mais fácil me camuflar e me deixar quietinha. Dopada. Fluindo.

Até que tinha algo naquele líquido, aquele veneno no copo, que dava uma náusea que curava um pouco mas não deixava, assim, perfeitamente segura de si a pessoa eu.

E a pessoa você era um monstro, mas por que cargas, eu, minha própria monstra de mim, permitia essa vacilação, perda de horizonte, de chão, essa mesquinhez tosca diária. Por que deixava o veneno meu me corroer e ser o seu adubo?

De cabeça baixa aceitando toda merda e seguindo sem freio na destruição das vontades próprias, na preparação do shape de um jeito estranho, nem bonita ficava pra minha opinião.

Até o sapato usava de outro tipo. O comprimento da saia. Até as palavras regulava. Pensava duas vezes antes do palavrão, antes amigo íntimo e adorado, palavrão bronco, sucesso da língua portuguesa, tradução perfeita, idioma campeão.

E logo eu, que parecia tão, mas tão super dona de mim, pras malfadadas línguas, pra opinião social do meio, pequeno meio.
Grande instrutor de passos, o meio.

Chamava-se machismo.

Distorcendo o Poeta

Um poço de medo
um pouco de foda-se
um quartinho látex branco com colchão rodado
uma superstição amena
todo amor tem amores
que o próprio amor desconhece

LOMELINA

Só passo correndo
mesmo de mormaço, terral dos inferno,
correndo invisível, enganando que é parada   que faço a curva
aí sim
    paro pra respirar outros ventos
        me alimento
    e de novo luta
        pra acostumar com a vida

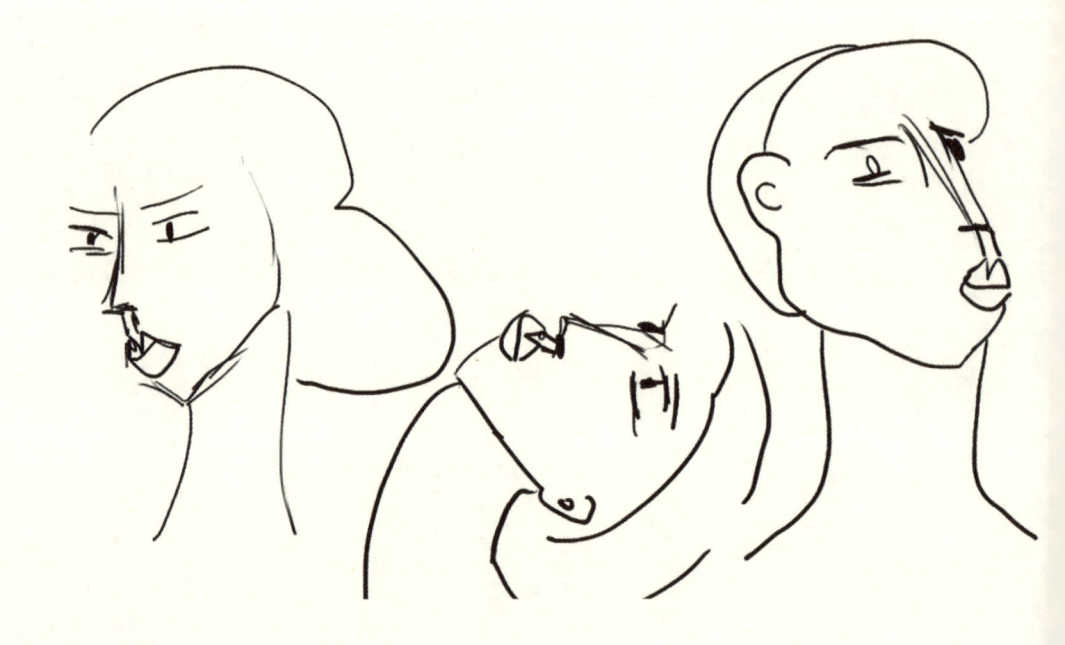

MARGARITA

Assumpção leve e pesada
esquisita esquizofrenia apaixonada

Ainda bem que tive
pelo mais
aquele dia estapafúrdio no estúdio
pelo menos

Espírito vivo
quase posso pegar
quase posse
apropriar

Quem tá sem mar vai de Ita, Margarita!

Moça, me dá um pão?
um chão
um sim
porque
não
tá
sobrando

Co incidência
incide junto
muito junto
quase ao mesmo tempo
tudo ligado
paz ciência

Ouvindo os Fogos e Seguindo as Panelas

Joana este ano pulou de novo sete ondas
bebeu de brinde e brindou de leve.
Ano passado, pulou sete ondas, bebeu pesado e brindou de bode.
Ano retrasado, não lembro.

Perguntar se ela lembra.

Joana esse ano lembrou de leve, pulou de brinde, molhando a saia.
E a saia branca quando molha não existe.

Ela espirra toda vez que esfria.
Este ano esfriou, esquentou, esfriou e esquentou de novo, pra depois esfriar, coitada dela.

Brindou de novo, de banda, sentou de bunda molhada na areia, voltou com a saia bege.
A blusa tinha um desenho, tem até hoje, mas mais apagadinho, que não sei quem fez, bem bonito, com uma Iemanjá azul bem grande.
Ela comprou numa barraquinha no Rio Vermelho, do lado do acarajé, aquele o melhor.

Mas, dessa vez, já tava de bucho cheio da farra boa e foi só a blusa mesmo que comprou.
E deixou umas flores junto com as oferendas dos pescadores também.
E cantou um pouco também.

Tinha um líquido borbulhante que ela
tomava a festa inteira. No outro dia, acordou de ressaca, mas resolveu não investigar.

Esquecer o passado recente é, às vezes,
a melhor fórmula.

Ela acredita na sereia do mar, então entregou flores, perfumes, sabonetes sem embalagem e acendeu vela.
Ouviu os fogos e seguiu as panelas.

Borbulhas de onda, o presente afundando, bem recebido que foi uma beleza!
Bolhas no copo de café, que era bem Sidra gelada, porque a cigana também não descansa. Pra depois bolo de açúcar, tipo de noiva, com ameixa dentro, ou é passa. Quem fez tudo foi Fábio, que tem uma coleção de sereias e elas, bem alimentadas e bem belas, retribuem e respinga até em quem chegou de última hora, com garrafa de cachaça na porta da casa, de noite, guardando sei lá o quê, sei bem o quê.
Antes teve peixe, dessa vez sem dendê, porque era sexta.
Acreditar é bom. E Moreno, presente, pronto pra dar o sermão em quem preto vestisse por perto.
Clara que levou Nina lá. Nina que me trouxe Clara.

Mas todo mundo ali tinha muita roupa branca, fome, sede e tudo vinha saciar e ainda mais pedir e ainda mais agradecer.
A comida de mãe Edenis cabia na palma de uma mão, em cima da folha, e aquele tanto saciava completo. Não tinha fome certa naquele dia.
Silvana olhava com olho de choro, um choro bom, que nem o meu, que também comia.
E muitas contas nos pescoços.
Antes do peixe, teve milho, feijão-macaçar,
arroz grudadinho, munguzá.
Em São Paulo, munguzá é canjica. E canjica é curau.
Pra decorar, facilita lembrar que pamonha é pamonha.

E tinha guaraná, água, suco e leite também,
porque tinha criança pequena.
Criança tem passe livre pra comer escondida a comida do santo.

Acreditar é bom.

Álcool não tinha naquela ocasião, pro juízo acompanhar a destreza,
a leveza, o peso e a responsa das correspondências dos planos.
Pra entender os recados.
Sem bilhete, sem carta, só na música e no arrepio do corpo.
Sem ofício, documento, carimbo.
Serena é quente nisso. Rainha.

Preparação completa pra hora de pegar o barquinho e ir nele umas 30 ondas pra frente. Uns 40 metros pro fundo. Dois barquinhos, na verdade, com uns amigos dentro.
E uns amigos fora, dentro do mar. Além dos peixes vivos.

Depois da panela oferecida, veio banho no mar ainda com poucas flores, nadando devagar pro fundo, sem medo de bichos gigantes,
de redemoinhos, só sentindo o carinho da sereia.
De novo, ouvindo os fogos e seguindo as panelas.

Vida boa é a do atrasado

A manhã já é lá em cima
desperta esperta e fagueira
pra fora vai varrer poeira
segura que é cedo dia
toma banho de bacia
puxa a água pro ralo
passa vestido de lado
meia preta pra fazer a intera
quem chega cedo sempre espera
vida boa é a do atrasado

No espaço de uma semana
todo mundo ficou nervoso
ele tranquilo e fogoso
cheiroso como quem não se engana
certeza pura que emana
não foi de terno usado
se fosse já estava errado
acordou desanimado
despertador feito fera
Quem chega cedo sempre espera
vida boa é a do atrasado

Avisado da última etapa
a saber do seu compromisso
saiu cedo do serviço
viu a tarde nascendo ali
quem não sabe desistir
vive um tanto complicado
veja que ele está fadado
que o cansaço lhe impera
quem chega cedo sempre espera
vida boa é a do atrasado

Reintegração de Posso

Badoque Cego.
O poder pequeno move mundo,
transfere peso de balaios de uns pra outros lombos
enquanto milícias secam o leite das crianças,
que jorra desperdiçado, contaminado,
pra todo lado água pouca, comida parca
e polícia ataca.

A parada mansa não acalma, enerva
e a pessoa nervosa padece de tanto penar.
A parada é dura.
Cada criatura terrestre empobrecendo do próprio vício primeiro, o do poder derradeiro, maior que as esferas celestes, mais rente na cara que baratas voadoras.
Zumbido no ouvido, infinita culpa cristã, que não resolve, nem melhora, só lamenta.

Não concentra riqueza na fartura plena,
a dos corpos todos brilharem, mas só na sua e dos seus, a tipo mesquinha, tipo sujinha de sangue, de demência.
No roubo da infância, na faina de aproveitar, de sugar o que não é por direito seu, por direito natural.
Então surge o direito criado, que significa usurpado dos corpos dos outros, não enxergado além da venta, não compreendendo além do umbigo, não compassado com o próximo pé,
dentro do próprio passo.
No passado era igual.

O poder grande dissolvendo indivíduos
por eles mesmos demolidos, pisados, esquecidos.
Tirando deles o segredo de nascença, a crença na vida.
No solo contaminado desavença erguida.

Os poderes das bombas, dos exércitos, dos infernos a limites perigosos. E perdem-se em dias tontos, igualmente perdidos neles mesmos. Os dias perdidos não movem os ponteiros, não acordam os guerreiros. Sonolentos que seriam os campeões se dependessem eles só de si.

Amazonas com arco, elmo, cabelos de todos os tipos e flechas de fogo não sobrevivem à decisão da toga, porque o poder é ao contrário, nesse mundo de seu deus.
Os meus não são desse, falta-me entender.
Seus eus são todos avessos, meu deus, nem prossigo.
Apenas observo.

Os nervos em flor, pedem penico, perdem o agito dos dias. Nenhuma valentia sobrevive ao pranto da perda da semente, da quentura roubada tesa do ninho, quando ainda era alimento, que era bicada no vento, vitamina de passarinho.
Passarinho que o badoque pelego pegou.
O badoque cego e certeiro no peito negro, marrom, branco sem dinheiro.
Nunca vi tamanha pontaria sanguinária.
Cheia de enforcamentos e impune, cheia de fome de gente,
cheia de poder fedorento, enxofre xexelento de coração ruim, sistema podre, homem fardado doente.

De açoite perto, de coice na noite, de gritaria.
De medo ninguém nem dorme, na área onde a polícia age.
Onde ela não leva falta, comete falta covarde.

A lágrima pesada, salgada arde, arde, arde.
Nada supera a falta de um canto quieto.
Às vezes, desistir é o mais certo, sair correndo,
não participar do crime, fugir da cena que oprime, voar na guia do tempo, dormir tranquilo, longe de si, mesmo de perto, cobrir o tormento, botar ele pra dormir, ninar o rebento tenso.
Enquanto isso o sol nem desconfia da nuvem,

a que sai de cima do teu teto e vem pra cá, pra cima da minha cabeça cinzenta, explodindo de pensares e não agires, de agires com pressa e farsa no intento, de lua cheia vagando, espiando e expiando abraça o aço, vacilando e vadiando.

Vaziando a barca vai no passo, mentirosa, pela sua porta navegando, gondoleiro cigano, com buquê de flores, personagem que não existe, no roteiro não tem amores, mas teimou em aparecer.
Só se morasse em Veneza, ou na cheia da cidade vizinha. Mais fácil assim, inclusive.

Revive quem vive manso, quem vive de penso dança no prazo.
Cenário surreal de lombra de asfalto, que quando não vê natureza de jeito pensa que é tudo alegria e beleza.

Realeza zero essa ganância bruta, que mesmo com luta avança,
pé na cara, chute no ovo,
Cabou-se a esperança.

A CASA QUE CAIU

não sou desejado por perto
o que uma casa cuspiu
que uma luta pariu
no recesso da causa
pela falta de alma
por excessos da fauna
da turba do coronel

o anel que liga os dois mundos
a violência de um
na ardência do outro
que trabalha o dobro

não sou desejado por perto
busco o correto na palma
prensando pausa e labuta
sem dinheiro pro boleto

CASA QUE CARMA

Depositada em dia
crescida larva de ARMA
carrega consigo o efeito
o ceifo o tiro e a cova
E a copa
E a troça
E a CULPA

A luta
A amarga
A correta
não causa no filho REPULSA
ao passo que a ponta escorrega
e remenda a catapulta
refuta, desperta do medo
cansaço filho da PUTA

Comparo as cores
as angústias
à revelia da dor
coro sofre sem torpor
de molho tolho e colho

Encolho alagado riacho
ombro diacho fervendo
tremendo de grito entalado
dessa visão hedionda
na ronda que cerca o perito
o filho esfolado vivo
a lágrima virando fumaça
o peito estufado doendo

Todo indício de sede
sedes corretas estupendas
verdade do início de tudo
onde o amor sempre mudo
espera liberdade de cima
E DE CIMA LHE COSPEM DIREITOS ALGUNS SÉCULOS DEPOIS

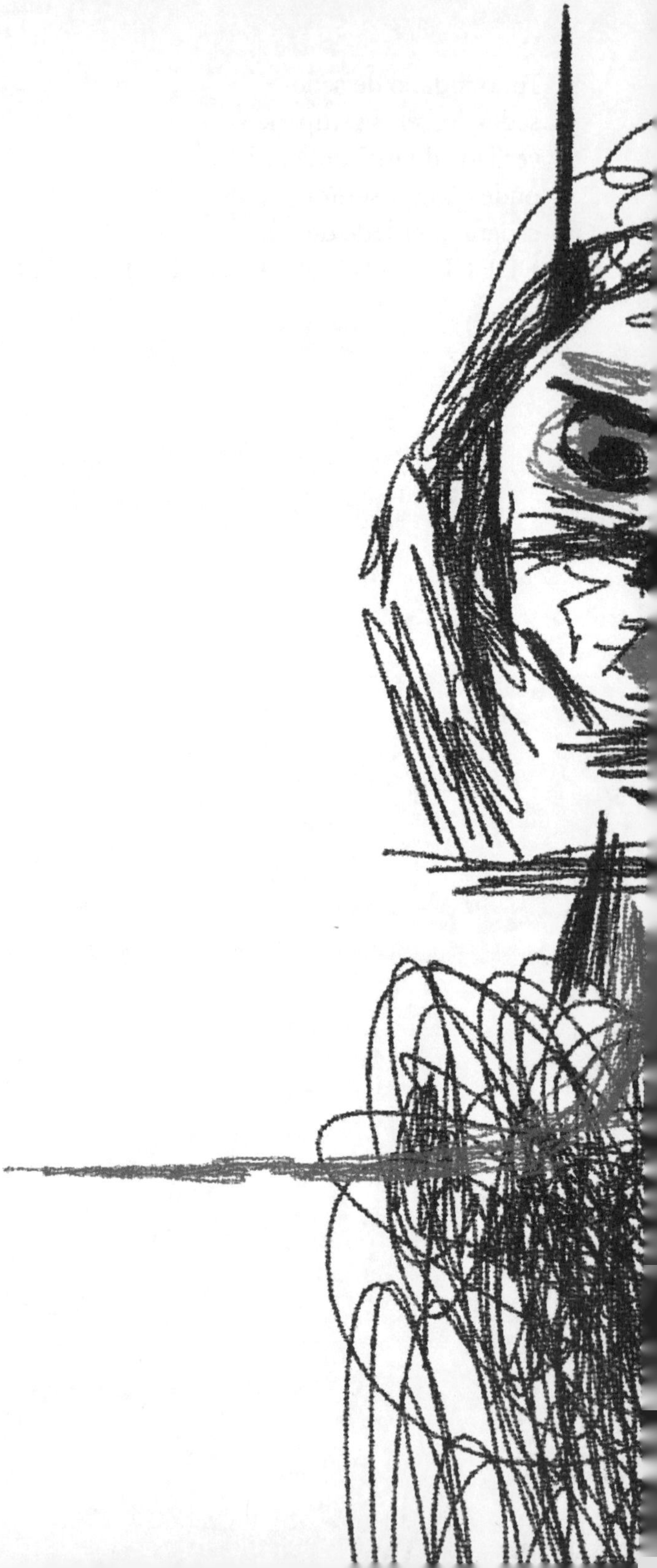

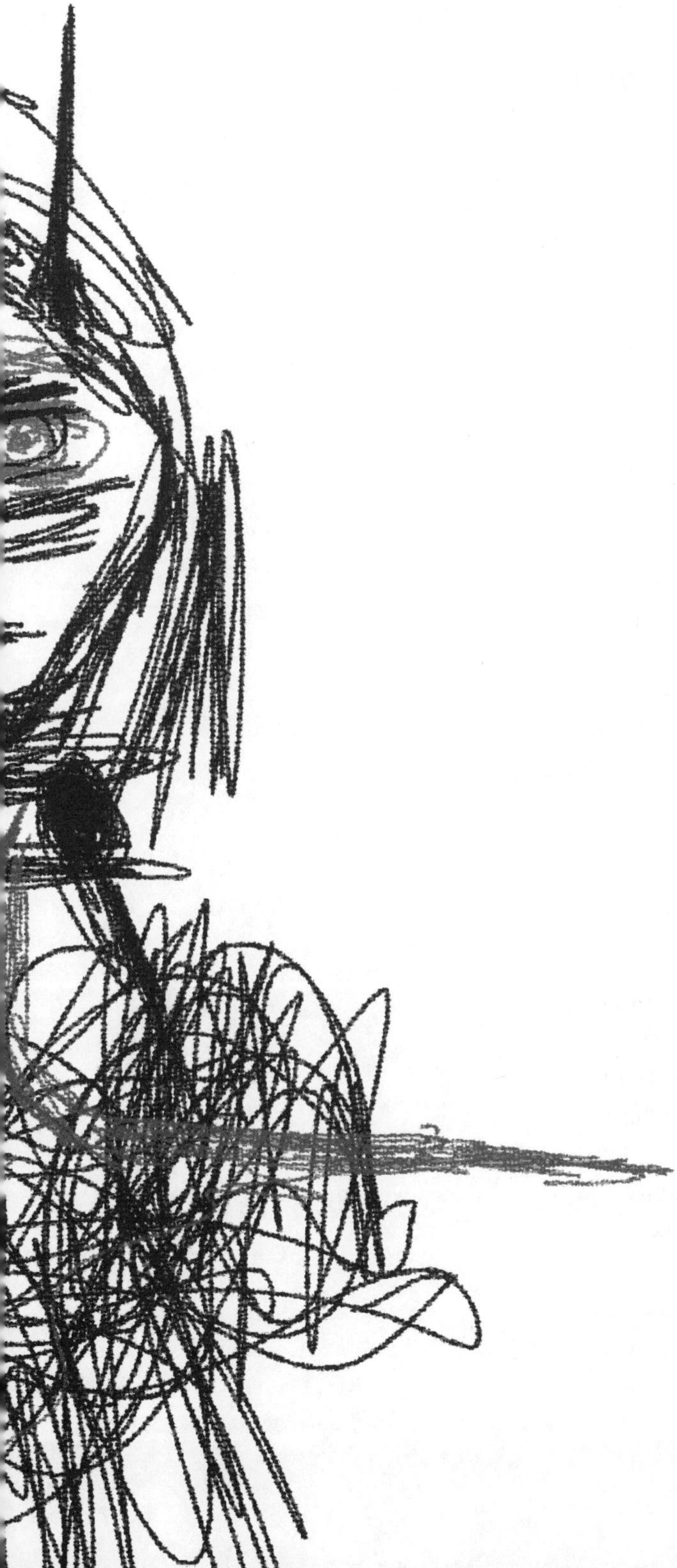

Nenhuma Vista

Solução às vezes nenhuma
ou vês alguma saída?
Quando não tem a esperança sobra
quando tem ela pede comida
sofrida a boca esquece
do barulho do estômago aflito
que o bico seca sem água
que exige conseguir viver
que não quer mas precisa, de fome,
pensar rápido, roubar e correr

Não era esse seu ofício
nem o que sonhava pra si
mas a fome não mede o porvir
exige na pança o peso
e ileso consegue fugir
não entende como passou
só sabe que precisava
não teme quase nada
suas asas que seguem inteiras
pairam na beira do perigo
entre a morte e a vida restrita
sem pressa não nega o abrigo

Não tem vício praticamente
não sente arrepio na vista
pia a vitória, a conquista
volta da memória conquistada
não tem quase medo de nada
mas teme ainda a polícia

CASO GRAVE

m e s m o e m c a s o d e m o r t e
quando a sorte abandona o cliente,
ciente da dor do propósito
começa a sentir preguiça
atiça o trambique do ouvido
que finge teimoso não ver
o passar tedioso e manso
os dias e o ofício de ouvir
se abstém de narrar o visto

o pisco, o respiro, o prossigo,
tudo no mesmo barco
na lida, sem chance pra cansa
vejo me inspiro e desisto
expiro e sigo, criança,
dando o chute na bola da vez,
meu gol, meu desejo, minha figa

E eu grito ferida que arde
ensejo, objetivo, me lance!
Alcance a variedade da vida!
Porque juiz, bandeira e torcida
vão de acordo com o freguês.

A marca que o caminho deixa, aquela que é devagar, de pedra e terra também,
de sangue e choro gritado, que deixa surdo de tão alto.
E a terra do índio espera que demarquem ela.
Mas antes era só ela.
"Terra do índio" era pleonasmo.

Quem sabe a norma erra a forma Quem tem culpa faz sofrer

no deserto da ideia
sente a força do carma
mas tinha antes a arma
isso nunca desinferna
a casca na ferida interna
que não cansa de crescer
não vai ficar grossa ou endurecer
profunda, só cicatriza na borda
quem sabe a norma erra a forma
quem tem culpa faz sofrer

desiste da flagelação
mas nunca vai bem sarar
cura não acontecerá
sequência de coisa nenhuma
que depois do crime se apruma
quem não sabe não vai entender
quem sabe quer esquecer
sua certeza paira duvidosa
quem sabe a norma erra a forma
quem tem culpa faz sofrer

não sem titubear
sente a vacilação
pena na resolução
que implica dor segura
na própria pessoa a gastura
por ter medo de perder
de nunca mais corresponder
do monstro que desenforma
quem sabe a norma erra a forma
quem tem culpa faz sofrer

Quando a Cobra Torce o Rabo

Eu acredito em tudo e vi que era verdade que o tempo estava passando mais rápido.
Ele anda mais rápido que ele mesmo, não dá mais pra ver passar, nem mais pra conversar.
De rápido que colou no começo, virou uma coisa só, quase devagar de novo.

Viro a ampulheta pra testar e a areia ainda cai mais rápido, mas acho que vai passar.
Tudo virando pelo avesso, os dias meio de ré, as noites meio claras, eu sem entender nada.

Parei no ano tal, não sei exatamente qual, mas as pessoas não desejavam mais nada e acabavam assim os rompantes generalizados de energia e otimismo das populações todas, espalhadas pelos pedaços de terra, uns donos, outros escravos.

Alguma coisa parecida com um inferno já tinha impregnado tudo.
Isso de imaginar um futuro, não digo nem bom, mas só um futuro, não acontecia há uns anos.

E aí a cobra mordeu o próprio rabo.
Acabou-se a agonia, acabou-se o mundo, acabou-se o tempo.

Foi meio difícil de acompanhar a novidade, mas se tem uma coisa que acontece mesmo é a tal da velocidade no aprendizado, quando a gente precisa dela.
Estou crendo nisso também, veja bem...
E, no fim das contas, já vivíamos de outro jeito e ninguém tinha avisado antes.
Só deu certo então pra quem nasceu depois dessa transformação e às vezes nem assim. Sinto informar.
Só sei que a serpente comeu a cauda dela mesma e acabou-se tudo.

Agora, sem pressa nenhuma, a gente aproveita e vai fazer um pote de ouro e correr pro arco-íris pra ficar rico, escutar o barulho das moedinhas caindo dentro, primeiro agudinhas, de pote vazio, depois gravezinhas, de pote cheio.
Mas não vai adiantar, porque não precisa mais ficar rico, é bom pensar nisso e cuidar de outra coisa.

Claro que já tem gente nervosa, porque já correu demais atrás de pote e anda revoltada, porque daqui pra frente não se corre mais porque não precisa, então correu em vão, enriqueceu em vão.
Em vão porque, primeiro: nem enriqueceu.
Segundo: porque se acaso tivesse enriquecido isso não teria mais valor, essa referência não vingaria mais.
Mas acabou o tempo de mesmo, bem rapidinho, não no sentido de se ter pressa, mas no de não precisar ter, porque não existe mais O tempo, O Senhor Tempo, o da música de Caetano Veloso.

A primeira lembrança da vida já colou com a última e nem faz mais sentido pensar em primeira ou última.
Não é hora de ordem.
A minha última memória é uma muito forte, que parece demais com a primeira que tive. Ali, colada mesmo.
E tem também uma coisa que vivi ano passado, que não sei se sobrevivi.
As consequências nos perseguem.

Talvez seja só o caminho em direção à morte, esse que dizem que termina com um filminho da vida passando rápido, antes do último segundo, sabe?
Talvez esse cineminha particular seja o fim colando no começo.

E começou um tipo novo de movimento das pessoas e dos pensamentos que tem dentro e do planeta que tem fora.
Tudo grudado, maciço, encaixado.
O que eu não entendi é se acabou-se o mundo ou não.
Tá repetindo um pouco a ordem das coisas e ao mesmo tempo tudo é novo. Uma impaciência aguda me abate e abate também quase todos, justamente pela velocidade, mas deve ser o efeito da tontura que dá quando o corpo para de rodar.

Acho que parou mesmo de vez.

Agora é ver como faz pra rodar de novo, porque já deu saudade das agonias antigas. Meio estranho esse lugar aqui, sem tempo.
Mas talvez acostume, com o tempo.

ÁREA DE RECREAÇÃO NO SUBSOLO

O sino da igreja
veja
alastra o canto pro céu
voa o véu de seda transparente
saudade de nada
vale só saber ao certo
pra onde ir depois daqui
daqui se vê o mar de noite
se vê o céu de dia
e tudo rima sem vontade
a passagem rima
os dias não ajudam
convergem-se em peso
insuportável
alegria morta
vida suportável
rir com economia
alimento chato
permaneço então aqui mesmo
brilho empoeirando
criança palestina
under attack

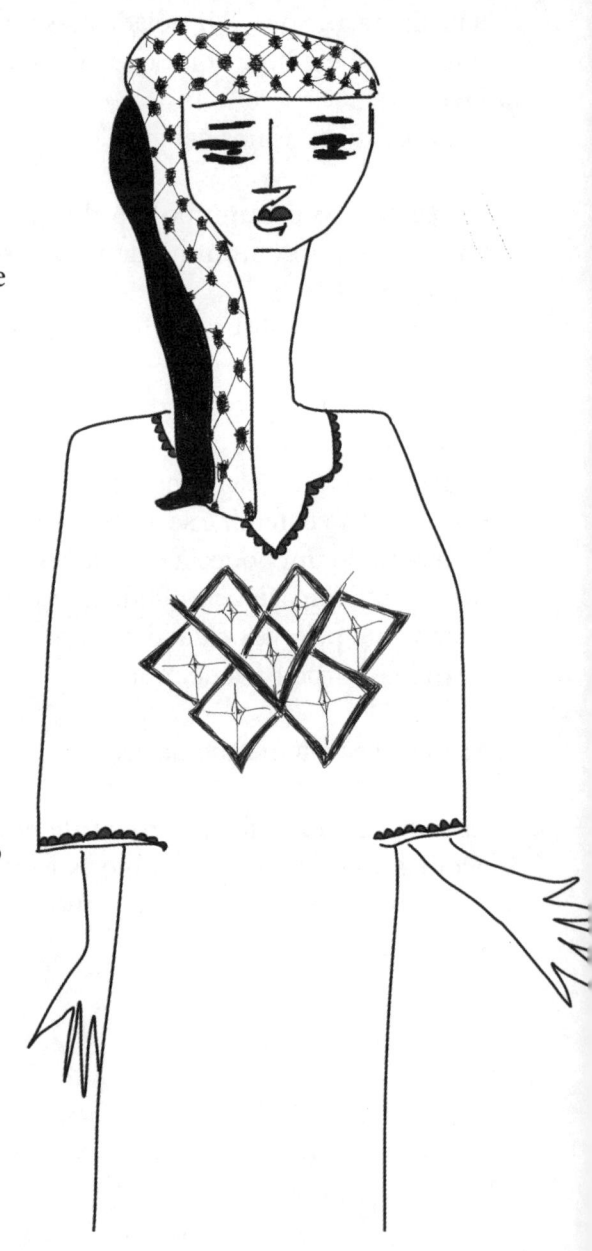

Glutamato Monossódico

Glutamato monossódico. Aquela coisa que tem no pó do miojo e em um monte de comida expressa, porque a gente tem muita pressa, pra deixar os sabores mais aguçados. Sabor já aguça, existe pra aguçar, não pra ser aguçado.

Antes, tinha guerra. Brigava-se por tempero. Dizia-se especiarias. Nossos ouvidos e olhos, além de nossa goela, receptora de hormônios de galinhas inchadas, recebem toneladas do tal aditivo.
Se não os apressados não são fisgados.

A música precisa ser cada vez mais rápida e alta e só mais rápida e alta. Não pra acrescentar, mas pra trocar, exterminar outras formas. Os peitos cada vez mais inflados, caso pequenos sejam. Se forem grandes, o ideal é diminuí-los, pra depois inflá-los nos métodos atuais.
O videoclipe de quatro minutos é longo, a edição do filme tem que deixar o sujeito tonto. Não é pra acrescentar, é pra trocar, pra acompanhar a estabanação geral. A grande jogada é nausear a criatura, pra emocioná-la no vômito.

São Paulo contém glutamato. Aqui, até vereador glutamata. Ele abusa do tempero, ele não mata um, mata 36. O que é um, nos tempos de hoje? Mariana conta um, Coronel Telhada 36.
Cada vez menos com pausas e cada vez mais agonia, a cidade menos silencia. A campeã era a estação Sé, lá pelas 18h. Foi ultrapassada, coitada, por uma linha amarela.

Saí do Butantã tranquila. Ia caminhando, pensando e o ônibus chegou chegando. Aquela lotação que a gente já conhece, mas achei todo mundo mais apressado naquele dia.
Quando aconteceu um movimento de descida coletiva, fui junto. Não contrariaria o fluxo, eu estava tranquila e nem pressa tinha nenhuma.

E fui levada na correnteza, sem me esforçar, sem nem pensar, pra catraca do metrô.
Não precisava, mas ia ser bom pegar o metrô, chegaria mais... rápido.
Ainda sem forças pra sair do fluxo, minha alegria era quando chegavam as escadas rolantes e eu podia, pelo menos nesse dia, ficar quieta ali, sem subir correndo pela esquerda — como faço quase sempre. Aí eu respirava tanto! Mas elas acabam um dia. Cheguei onde queria e todos queriam também.
Na Avenida Paulista.
Fiz todo o percurso sem prestar atenção em nada, sem olhar uma indicação de sentido, só deixei fluir e, pela primeira vez, isso tinha um sentido ruim. Cheguei ao meu destino antes da hora. E fiquei esperando meu namorado, olhando o povo apressado.

Outro dia, fui assistir de novo um filme que gosto muito, *O Sétimo Selo*. Me deu uma coceira no braço, uma sede, achei o sofá duro. Não achava posição, me lembrei do e-mail que não respondi e o tempo estava correndo sem resposta.
Não conseguia desligar do dia, aí me deu um sono, irreal pra mim naquele horário.
Decepcionadíssima, levantei e fui dormir. Um desfecho medíocre na minha crise de abstinência monossódica.
É um filme glutamato zero!
É um filme força total, que bate na cara, mostrando que eu talvez tenha perdido a capacidade de ser espectadora que respira e simplesmente recebe.

Num ataque não habitual de otimismo, pensei que não! Um banho de mar pode resolver. Um banho de mar, com certeza, resolve.
Só não sei quando vai dar, mas se tem algo que resolve, é um banho de mar.

Soltinhas

As meninas dançam, sem parar e sonhando.
Não do jeito que as vistas alheias pensam que elas sonham.
As vistas não acompanham.

O rosê, escolhido pra elas, antes de dizerem um oi, um ai, um ui, um pai mãe, as acompanhará pelo resto dos tempos.
Depois de nascer, o que vem é o resto, feliz de ser resto e feliz de vir no vento.

Nesse resto tem de um tudo nos quesitos de amor e agonia.
Pro amor presto conta todos os dias, mas pra você eu não presto.

Agonia tem pra dar e vender e, qualquer coisa, você me empresta.

Alterada, desperdiçando rima, sem a destreza esperada, sem da palavra a fina ciência, sem dos bons modos paciência fina.

Atletismo diário. Concorremos nas Olimpíadas. Alguns atletas não podem mais usar o Ó. Proibiram o Ó. Saudosismo infantil no meio da via. Eu gostava quando tinha o Ó na Paralimpíada.
E quando tinha
Plutão e quando tinha minha avó, meu avô, meu pai e minha tia.

Dificuldade ser atleta no dia a dia.

Pode ter fobia a menina, ou algum problema de idade, os emblemas da felicidade são muito cruéis hoje em dia.

Mas as vistas querem entender um dia, por que as meninas fazem coreografia.
Os meninos também fazem, mas elas fazem mais.

Acho que alguma coisa se solta nessa hora e, soltinhas, fazem grudar no corpo a liberdade que falta.
Que falta não nelas, mas dos outros pra elas. Então dançam, aí pode tudo.
E em outros momentos também tudo pode. Não é eterna essa brabeza, nem sem remédio essa valentia.
Namorados e namoradas estudam a forma. Morfologia.

Na televisão, seu Delegado, o dançarino, por derradeiro. E fez 70 anos Paulinho da Viola, um ano desse, no dia em que Delegado foi-se embora! Pausa para os aplausos. Samba de corpo presente, baila senhor, baila senhora.

Não precisa forçar muito a memória, nem procurar nas fotografias. Forçar dá trabalho, é ruim e cansa. E como disse alguém, pra alguma repórter, nalgum canal, outro dia: "Eu só quero paz, sossego e dormir."

Mas passe com a lembrança na rua lotada de criança, olhe pela janela que fica atrás do canto do seu olho. Olhe direito, enquanto ajeito o que escrevo e ouço gritos de meninas brincando. Elas fabricam um eco poderoso, não sei qual pedal imita, e atrapalhando o sono de quem dorme até tarde, elas continuam dançando.

Acordei com um grito de menina. Levanto pra fazer meu café, com quase raiva. Por que bailam tanto? Quem ensina?

Me acalmo no primeiro gole, não é raiva, nem agonia, é saudade da Bahia, do meu pai e do tempo em que eu fazia mais coreografia.

O Pote na Ponte

Serrei a ponte de tábua,
que curva por cima do rio.
Chorei pras águas sem fio,
pra que a terra ligasse os montes.
Confronto as mágoas a postos
conforto e rédia pro cio.

Menti o saldo da dívida
girei caldo na panela
coentro arado da horta pra ela
polvilhei com as pontas dos dedos
triturando com as mãos o maço
o sal num salto
por cima dos medos

Q u e f r i o s o b o s o l q u e s e n t i a
e vendia a lama da alma
o demônio virava o avesso
e o gesso do amor dissolvia

Quem via o preço do gesto
dormia no berço da chuva
e a água contida na curva
selava a agonia infinita
aflita no poço da calma
ela apita gloriosa e turva
um grito de choro de saudade
sentido no dorso e na palma

GUAJIRA

EXPANDIR O OLHAR
FREQUENTAR O DIA
ABRIR EM DEMASIA A RUA
NÃO FALAR DE DOR
ABUSAR DA SORTE
ANTES DO TERREMOTO
O VENTO CHEGAR
INTENTO FALHOU
DESLUMBRAMENTO
INTENSO FALOU
MEU PENSAMENTO LENTO

CONTENTE NO RITMO DA RUA LEMBRO
QUE A FELICIDADE SORRIDENTE
MORA DENTRO DE UM POÇO ESCURO, ISOLADO
NO SEU CICLO O SOL NASCENTE PEGA FOGO AFOGADO, IRRADIADO
FELICIDADE TE QUERIA ATÉ
COMO GUAJIRA GUANTANAMERA
MAS A PRISÃO TAMBÉM É

Diga o Nome do Homem

Passa a boiada na correria do dia.
Demora uma vida pro último boi, mas é feito raio de pressa.
Garante o leite, a vaca, o couro, a picanha do almoço, o patinho pra outra pessoa, o osso pro outro bicho e o bicho-preguiça e o da seda.

Todos os dias de manhã desistem e voltam a tentar tudo de novo, mais próximo do meio-dia, porque não tem jeito, fazer o quê?
Vai dizer que trabalha muito e até trabalha, mas tem vontade mesmo de ficar no mar, num rio, numa lagoa. Numa piscina não, porque é pequena, também porque arde o olho.

E tem dias que não dá vontade de nada. Dá preguiça até de não ter vontade.
Dá uma pena esses dias. O dia escravo da gente, a gente escravo do dia, todos em estado de escravo, do governador do nosso estado, do presidente dos Estados Unidos.

No Brasil isso faz tanto tempo.
Era pra não esquecer, mas não esquecer no sentido de ter memória e não com as escravidões diárias te lembrando toda hora que não é lembrança nada, é aqui e agora e que faz tempo que começou, mas ainda não acabou.

Pessoas com preço menor, pessoas com preço nenhum. Pessoas com mais preço, se sentindo bem, embriagadas pelo alto preço próprio.

É fácil, pra quem tem, tirar qualquer coisa de quem não tem. Como se o pouco fosse nada, como se nada pra alguns de fato fosse o certo.

Fácil atirar também. De longe e até de perto.
Fácil não apurar, não procurar provar.
Difícil é provar da dor.
Fácil é levar um tiro.

Banzo ancestral.
Se a vida não vale um nome...
"Morreram dez suspeitos em troca de tiros."
Tiro não se troca. Tiro é outro troco.

Assassinaram dez, devia dizer a notícia e contendo nomes.
Mas quanto vale um nome num anúncio da polícia.

Muitos choram. Sem nome. Com nome manchado.
Tem nome com endereço de sobrenome. Nome mirado.
9 ou 13 na Favela da Maré. Nem um nome.
Nome.
Número.
"Seis MCs assassinados em três anos em São Paulo."

Lugar também é importante.
Nome aos bois.
Os que passam, devagar no dia rápido ou rápido no dia lento, como se apenas passassem a ser números.
Quem mata o suspeito por direito?
Suspeito não é nome.
Diga o nome do homem!

Um grave acidente, numa avenida grave da cidade.
Um homem e uma cabeça de cavalo decepada.
Como cabeça de boi.
"Morreram seis pessoas e uma mulher."
Mulher é como vaca.
Luana apanhou, mas é rica, Lúcia apanhou, mas é pobre.
No salão nobre ajuiza o juiz.

Estupro é sempre suposto, suspeito é sempre suspeito.

Seguimos, comendo migalhas, jogando migalhas, espalhando e respirando as tralhas, raspando as traças, boiando de graça, dormindo na curva, batendo no outro.

De olho no choro.
De molho na chuva.

Melhor assim.
Bem pior assim.

QUERIA SER UMA CHUVA

PRA CAIR NO CHÃO TRANSPARENTE

COM UM BARULHO QUE NÃO É GRITO

QUE NÃO É CHORO

PAREÇO UM ÍNDIO

Desperdiço-me

Hoje desperdiço-me
sentada nesse jardim vendo a vida passar por mim assim
Hoje desperdiço-me
vendo um pedaço da vida passar por mim e ir

E não faço nada pra conter
o desvio de poder
sobre mim
que passou de mim
pra você
quando te vi
pela segunda vez

Então desperdiço-te-me
nesse cansaço da vida que passa por mim

Falta de Sorte

Eu tinha uma impressão distante de você
viva
tão sorrisa
cheguei em São Paulo estava doente
peguei um transporte
um dia eu cheguei
eu tinha uma impressão tão forte
em São Paulo ficou corrida
eu cheguei mal mesmo
o nariz doente
quando cheguei tive uma falta de sorte
e fui dormir, foi mais negócio ser assim
acordei tarde no dia seguinte
aí olhei pra um poste pensando que era a lua

TÚMULOS NIMBOS

Estava pensando em te dar um presente
minha pouca delicadeza infelizmente não deixou.
Sentindo profundamente a tua falta
e com a dor de quem sente alguma coisa
pensei em te dar uma rosa
ou melhor
um armário
armário cheio de gavetas
gavetas cheias de rosas

NÃO TENDO FLORES TENHA PELO MENOS SUAS PRÓPRIAS DORES

Tem Dia Que

Tem dia que a lucidez persegue
vem atrás de mim
vem atrás de mim
um copo de cachaça
dois
vem atrás de mim
vem atrás de mim
você vai ficar sem migo
amor de conta-gotas
homeopatia cardíaca
economia doméstica
prendas no lar
moral e cívica
você é mesmo uma pessoa muito segura de si
mas não me segura
corra não morra
morra não corra
não tendo força nem faca, forca

Países Líderes

A epopeia dos ciganos
que todo ano
m i g r a m pros países líderes
comem dejetos
enquanto eles vivem
felizes países
da riqueza roubada
da sua avó andarilha

Bad Trip

Você oprime meus elétrons
zipa meu cerebelo
me desculpa, é que essa coisa de amor
eu não sinto muito

sol bonito
vento bom
tudo bom?

Nem tanto
sinto muito
necessito solução
solução alcoólica
ou passagens de ida

quem se importa
se na festa de Natal
eu tive um ciúme
uma Brad Pitt
quero ser sua praia
seu gol
seu Sport Clube do Recife

ACORDEI FELIZ POR NÃO LHE VEJO

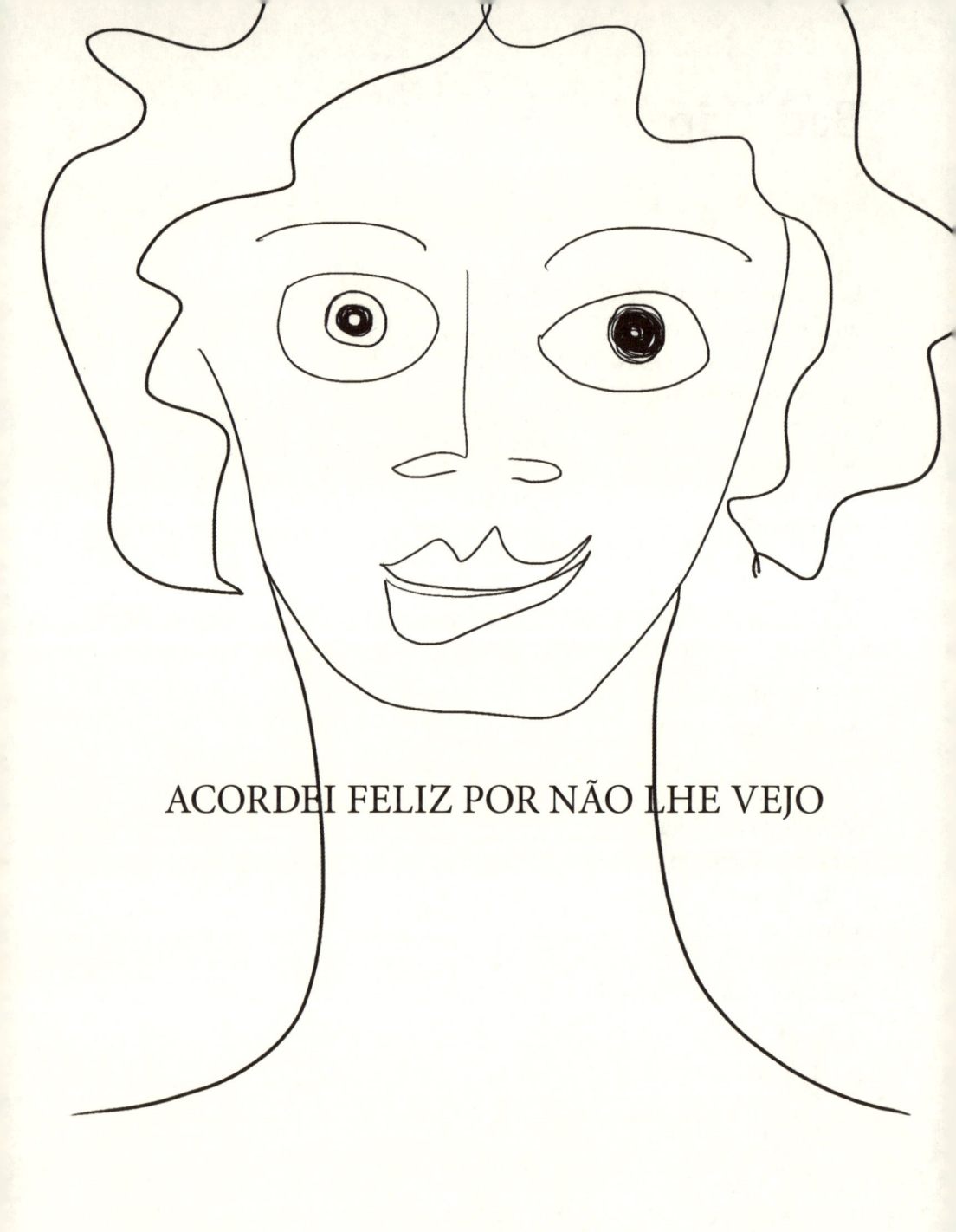

Sem Volta

eu sabia exatamente o que precisava fazer
eu só não tinha a alegria necessária
aí
saí de mim
e quando voltei
não pude entrar

Encanto nenhum
inventei uma ilusão e vivi nela
já não posso mais viver nela
nem em canto nenhum

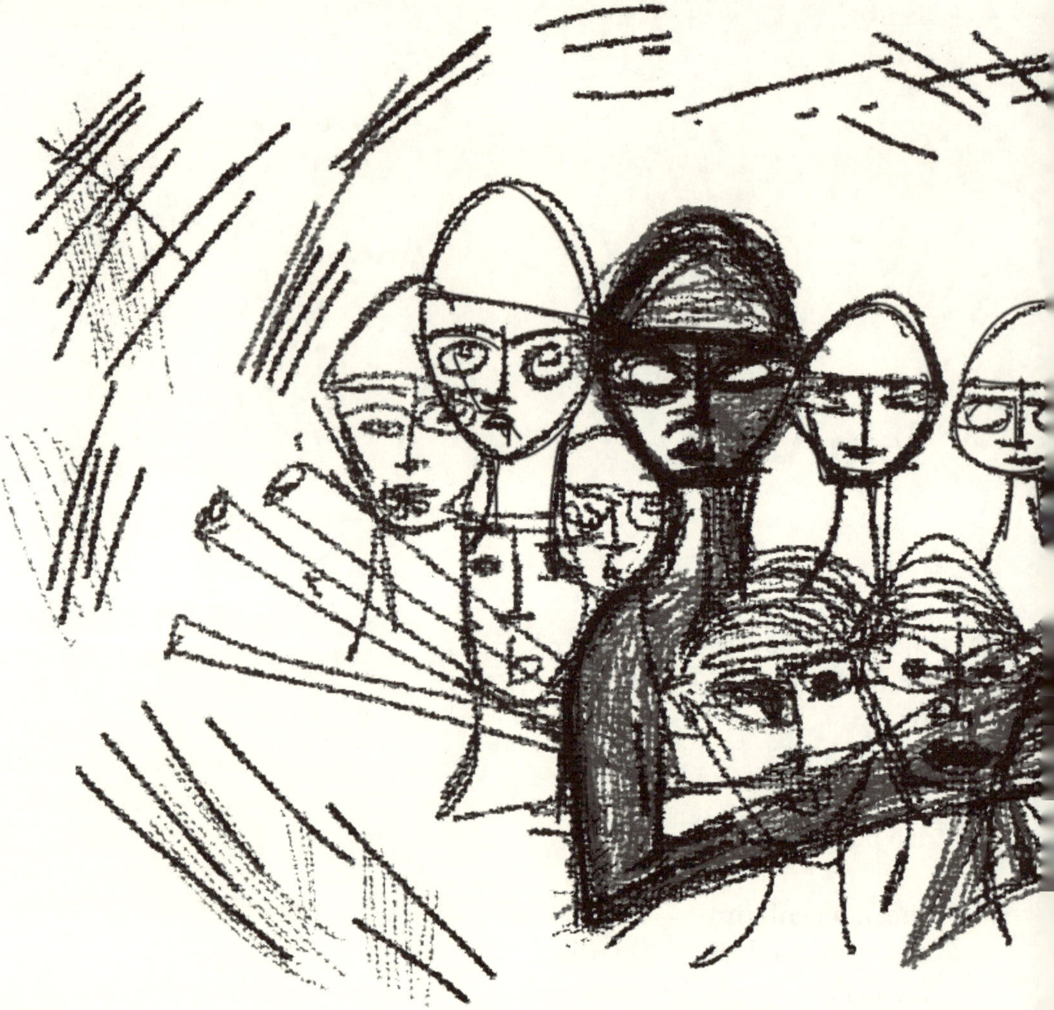

Exército

Estaremos oferecendo
um exército que atravessa tudo
indesejável pra qualquer inimigo
que viva a passar
o sofisticar é a onda
mais intensidade no matar
inimigo em franco desânimo
desalentador
planta-se a morte nos flancos
cessa a retirada
a respiração livre
a debandada
e nunca mais sai dali
bombas incessantes sobre as cidades
ancestrais revirando tumbas
turbas de guerreiros zumbis
pelos dedos dos deuses
temperos destruidores

Axé

Era uma vez um barco a vela.
Era uma vez um homem do mar e da floresta, de cabelo grande, força de touro, conversava com cavalos e visão além do alcance.
Foi cortar um tronco de macaíba, a árvore já caída, sem opção de vida póstuma, a não ser virando um tambor, couro vivo.
A árvore deitada na parte macia e molhada da mata quente.
Uma aura densa e mansa, tensa e guardiã vinha daquelas outras árvores vivas, que guardam umas das outras nascimento e morte e onde vivem os seres que cuidam, inspiram e guardam.
No que serra serrador o tronco, viu-se dentro uma cobra grossa, parruda, brilhosa, verde, amarela e marrom.
Ela era vagarosa e rápida, não pensei se venenosa, não sei como traduzir falando, mesmo a vista tendo visto e agora a lembrança vendo.
Ela foi indo pra dentro do tronco, em direção ao lado que já estava aberto.
Mas nunca saiu do outro lado.
Até hoje acho que mora no tambor.
Era a Comadre Fulozinha.
Mas podia ser Oxumarê.

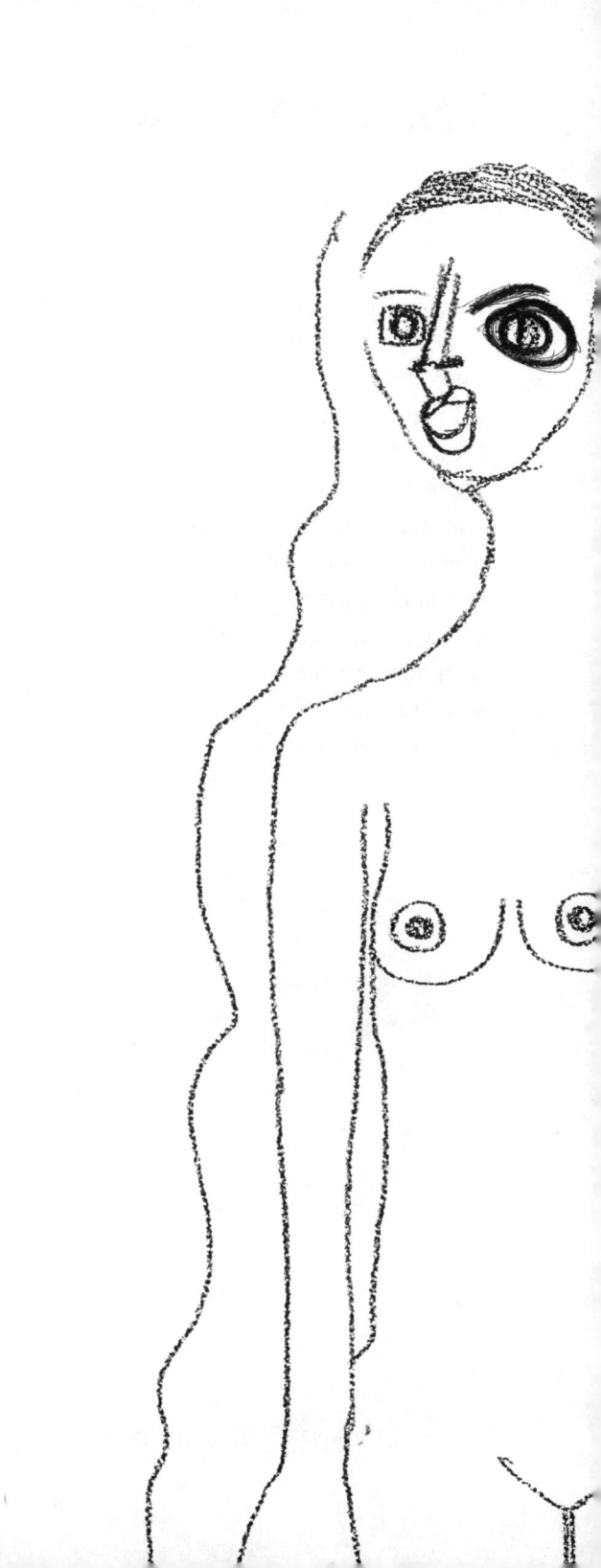

Vela e Navalha

Enquanto você escorrega te peço nada
te desejo um cento de ouro
que o teu cavalo sele
que no teu caminho vele navalha
todos os malfazeres do mundo
fazendo corte profundo
como a unha na serra dura
areia clara terra escura
cortando a unha postiça
a isca vai ser testemunha
dela parte e não atiça
se volta volátil inteiriça
pela sua língua roliça

Ódio

líquido intravenenoso
confeccionado dentro
com esmero
ao largo do tempo
tempo longo
passa rápido todo dia

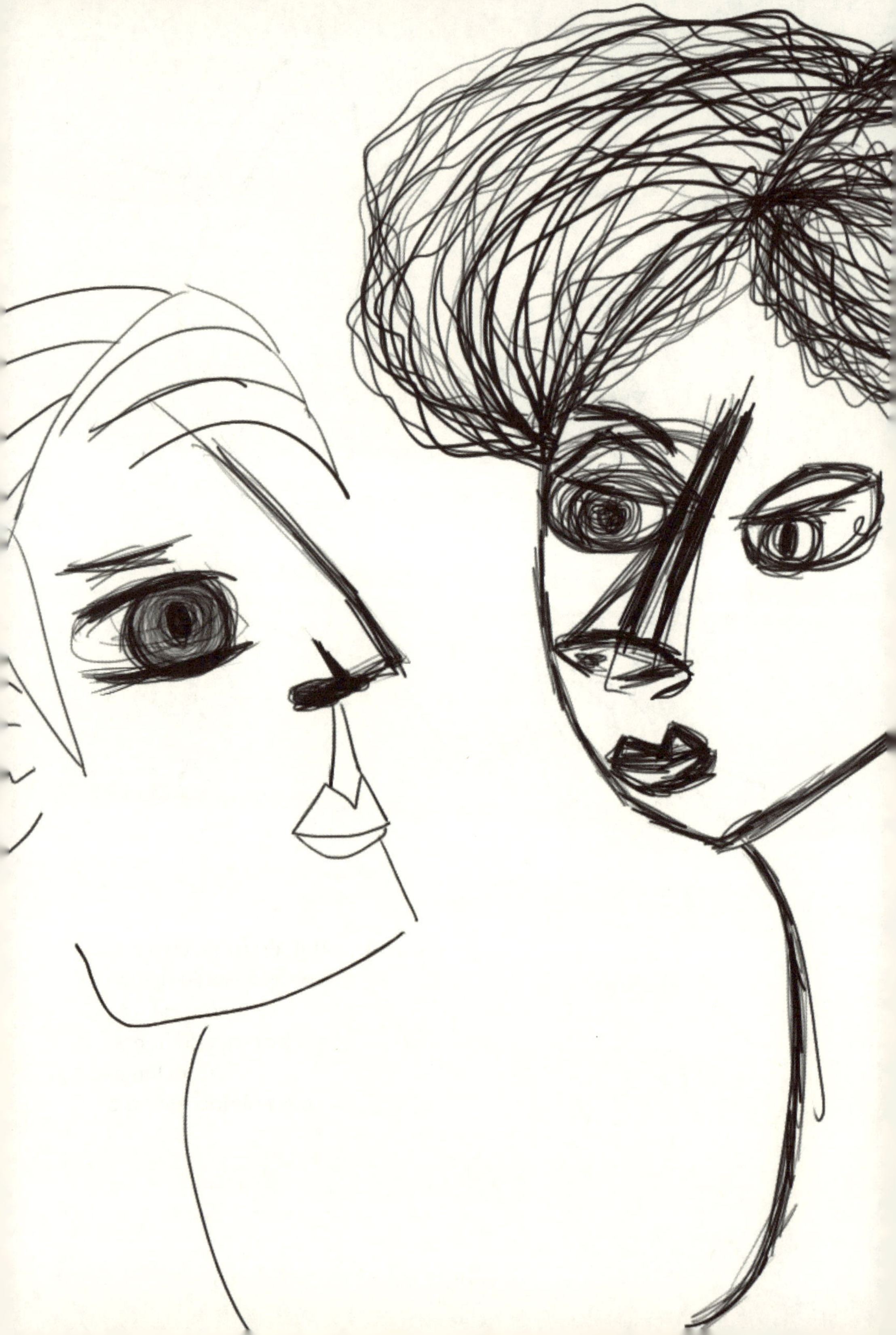

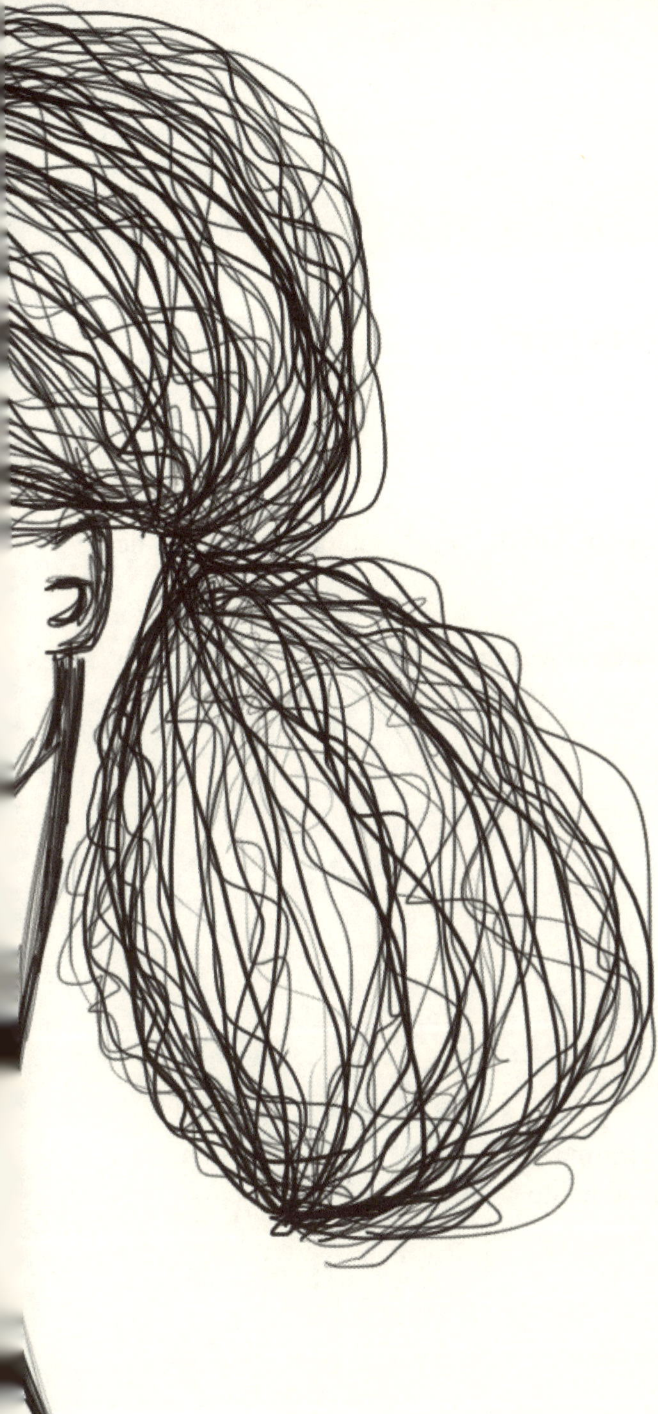

Acorda pra Cuspir!

Ei! Acorda pra brigar!
Você não me causa mais efeitos, disse, com o sotaque carregado de caju, coração 5% algodão.

Então, passadas 24 horas temos o seguinte:
uma ideia velha e péssima.

EU NÃO PRECISO MAIS
NEM EU
NEM VOCÊ
DE AMOR NEM DE SAUDADE

Sinto pelo sal das minhas lágrimas
vou fazer uma música de terror
tomar uma sopa toxicante
suco de refrigerante em jejum
cigarro pra minha gastrite
quero maquiagem forte pra minha cara triste
batom vermelho pro meu mau hálito

Quero rímel pra minhas pestanas inertes
à prova d'água pra aguentar meu fluxo
Óculos escuros amarelos
pra disfarçar o dia
tropical demais pra minha agonia.
Quero ser despedida em casamento.

Não te amo, você não me ama
nem drama proponho.

Devo refazer a trama
chororô com fundo de Xororó
Não temo, me apego à mitologia
pago quando puder
cansei do ranço da sua pirotecnia

Odeio remoinho
adoro resolver
sigo amortecendo
orangotango jeitosinho
parando pra espairecer

Adoro morango
odeio sabor morango.

Visto Temporário

Pro amor diário tenho visto temporário
Provas de amor e risco, esforços repetitivos
tenho visto demais.
Por isso tento chegar aqui sem me cansar.
E dizer o que sinto.
Aí, de sorte curta, vejo você, pura imagem sórdida, metal extremo no café da manhã.
Pena só se for de mim mas, por favor, não.
Você cansa, pensa demais em você
E cansa querer demais de você.
Mas do que você pode dar sem se cansar.

ESTADOS
ZUNIDOS
JAMAIS SERÃO VENCIDOS

FOME QUE NÃO PASSA COM COMIDA
SEDE QUE NÃO PASSA COM BEBIDA

Quando o vento sopra mais forte
as montanhas respiram mais
e o céu floresce de estrelas

FOME QUE NÃO PASSA COM COMIDA
SEDE QUE NÃO PASSA COM BEBIDA

O mano espacial
e a mina cheia de esquilo

Mina

Campo minado
O inimigo de dentro é o mais forte

Pra não comerem seu fígado antes do tempo faça figa

SOL

No canto do olho
oceano orfeônico
Aqui faz calor
aqui faz sol
inclusive
acho que a fábrica é aqui
aqui
faz-se sol

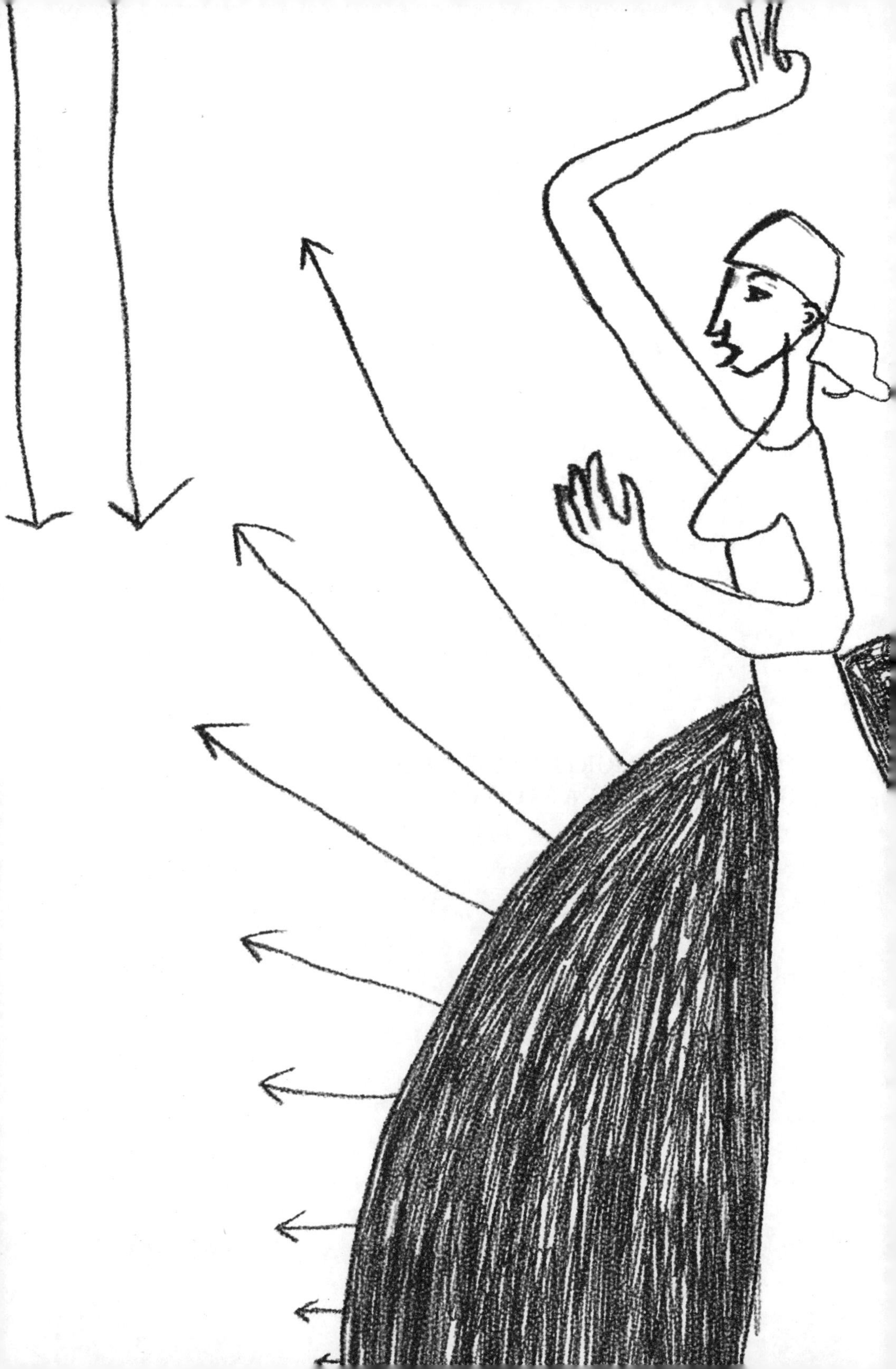

O TRISTE DA MORTE NÃO É A DOR
O TRISTE DELA É A SAUDADE.
A DOR É ÊXTASE

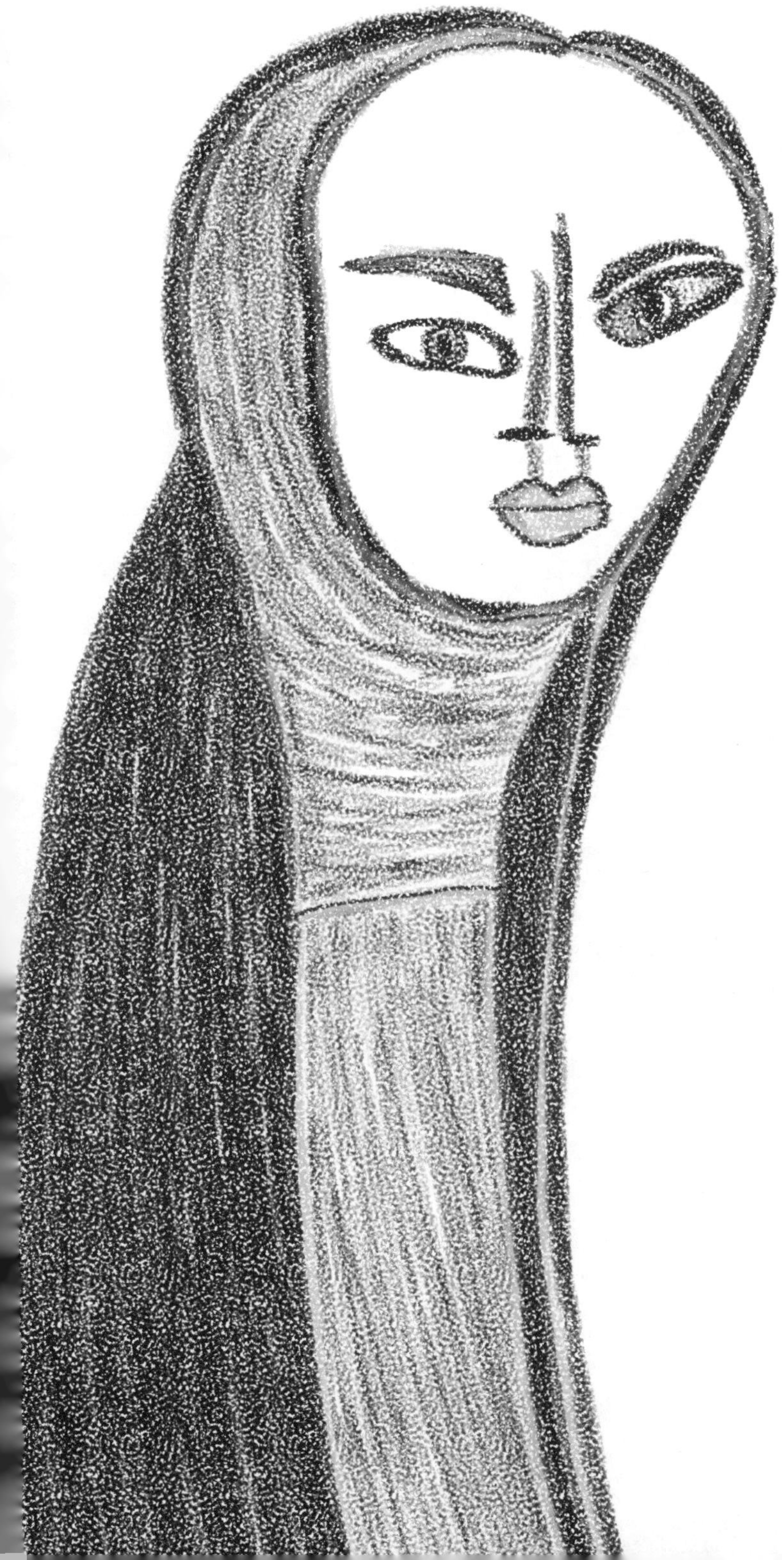

Um dilema sem sorte na frente do vento de sal, da praia que ele sempre ia.
Isso foi um ano atrás.
Faz seis anos que perdi meu pai
Isso nunca passou
Feliz dia dos pais

Bonecas de Argola

Há pessoas com brinco na testa
essas garotas passando na festa
são bonecas de mola
bonecas usam argola para ficarem um charme
meninas para ficarem chegosas
mulheres para ficarem gostosas
aí o menino não dorme

Adiou

deixou passar o pogo
do fogo adiado
asia demasiada
do fervor medroso
o amor dormente
nem comentar pra não dar ideia
nem começar pra não acabar
pra continuar na demência
tanta precaução no lidar
que passou da hora

Como são cômodos

No quarto bate luz de manhã, na sala, sol de tarde.
Costume são péssimos hábitos, que só quem faz acha normal.
A quantidade de açúcar, de sal, de monotonia no dia, quem resolve é o próprio si mesmo.
Não se abater, olhar pra frente, mesmo tudo no mundo dizendo o contrário.
A prepotência é uma coisa típica.
Com o passar dos anos a casa foi ficando com sua cara.
Com o passar dos anos respirou-se mais, suspirou-se menos.
Aqui nessa casa.
Assentou o terreno, pisou pisadinho, amornou, ficou confiável, seguro, confortável, ficou estável.
A pior coisa é isso estável. Estável não é uma palavra de amor. É um jeito tanto faz de dizer que está, por estar.

Insosso uma vez, acrescentam-se coisas pra acrescentar sabores.
Parmegiana, brigadeiro, beijo.

Existo

Tem que ser mais tenso
tem que ter menos caracteres
ser mais rápido
mais objetivo
menos intenso
esse penso

P Miragem
U vendo a longo alcance
T a comissão de desminagem
A é progressiva, irreversível
Q sua intromissão me renova o vício
U me abafa o riso
E minha transpiração
P me retorna o visgo
A realça o viço
R visando destruir vida minha
I desdenhando os valores
U minimizando os fatores
O P A R A Q U E D A S N Ã O A B R I U !

Não sinto sono

Pela noite de madrugada
quando não sinto barulho nenhum
não sinto fome
não sinto nada
não sinto barulho nenhum
a mala encostada suja
nas listras do lençol limpo
indicam:
nada vai melhorar
não sinto sono, não sinto nada
não sinto barulho nenhum

PLACA

Não construa do lado da rodovia.
Atenção! Latifúndio com gente morando na beira.

DRAGÃO

Enfrentar leões
enfrentar
passar por cima de uma coisa
que está no lugar da outra

Mordida
e a pele fica ferida
prossiga no rastro, no pasto e siga a vida
no fim a tristeza é amiga da onça
que ensina a enfrentar leões

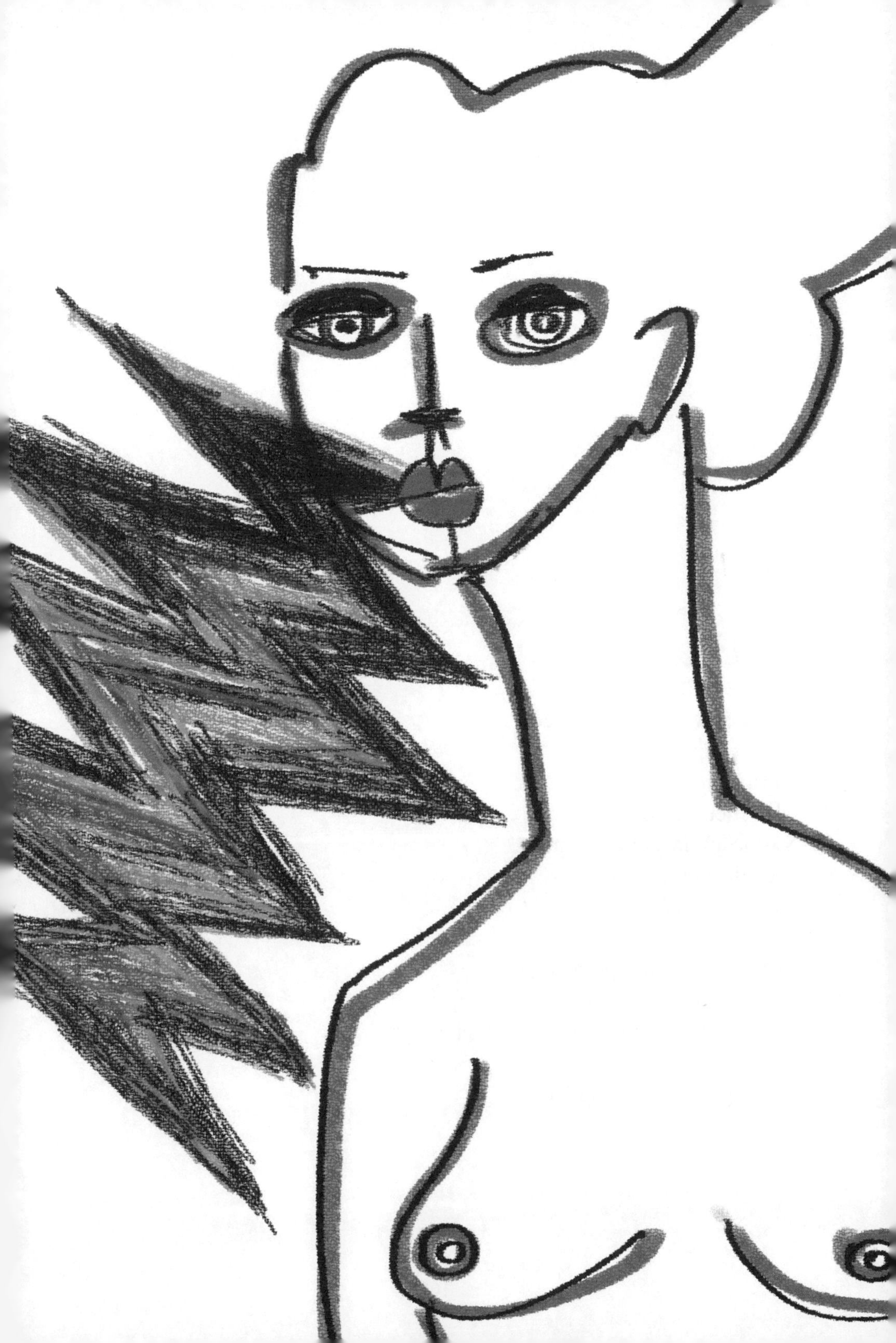

Já Era

Quando você botou o dedo
no meu coração
abriu um rio
abri meus olhos
vi que a sala estava escura
e brilhava a pele dura
de paixão

Mas há tanto tempo eu espero
seu abraço rouco
não tem nenhum significado essa espera
sinceramente
acho que o nosso amor já era
já era

Doce

Você vem com seu doce perfume
irradiando beleza e ciúme
você vem com seu doce
irradiando beleza
você vem com seu doce
radiando beleza

Asilah Lorena

Caminho certo
vestido aberto
coisinha
de dia vermelho ouro
os olhos vivos

Passinho esperto
desenho no muro
filhote de camelo
pandeiro colorido
da cidade vizinha
ciganinha filha
tão familiar

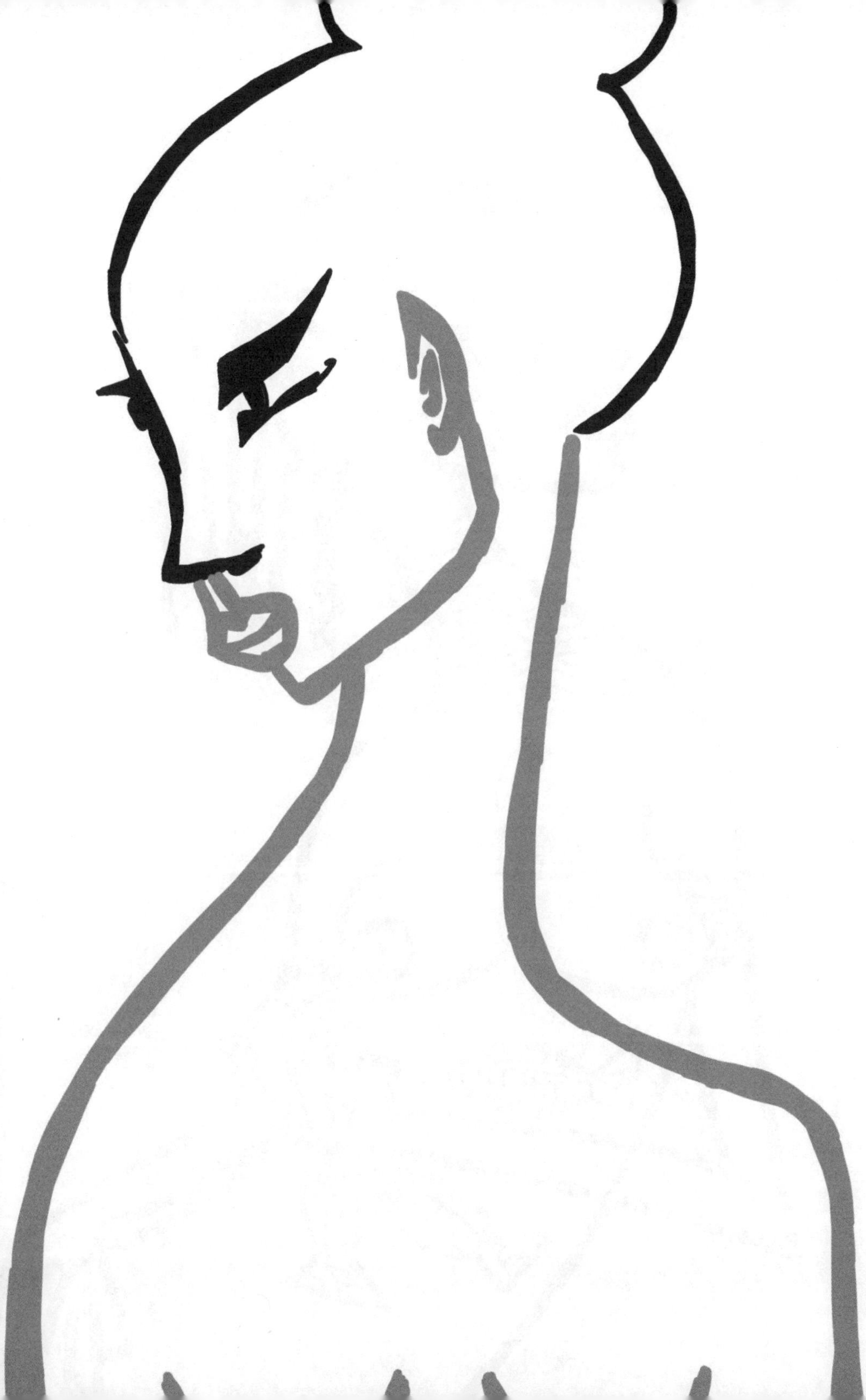

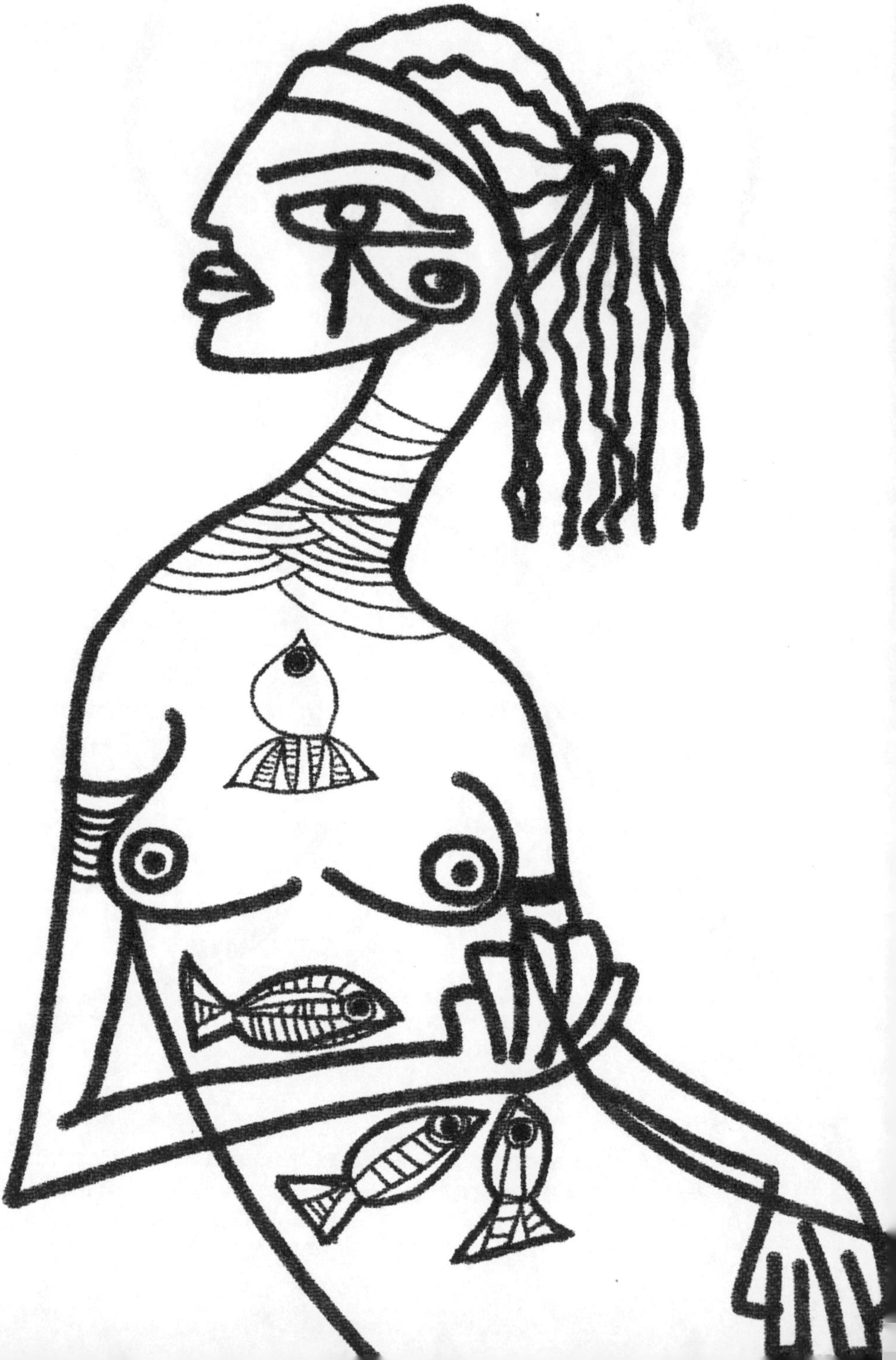

Peixo Nilo

um rio que alimenta meu peixe, meu Egito
uma vida inteira
vinda e ida
numa curva do mar desaparece
pra ir e vir feito onda

Eu gostaria de um sapato branco
pra esmagar seu dedo
pra esmagar meu medo
e gostaria de um martelo branco
pra machucar seu dedo
martelar meu medo
e gostaria de um machado branco
pra teu dedo não me apontar
eu gostaria de um carimbo branco
pra selar segredo
e não soltar medo nenhum

Só sei que ligaram pra dizer que tão dizendo que disseram que eu disse.

Vômito

Mantendo o berro
mantendo a pressa e a presa
todas as luzes acesas
facilitando o fim
A vida é amor e vômito
amo e vomito

Toalha de Pic Nic

Não me importo de onde ele veio ele
Não se importa de onde venho ele
Vai ter churrasco não sei onde botou o gelo dele
Não me importo com o churrasco dele
não me importo com o gelo dele
Tem pó de serra, cerveja em cima da mesa
tem pés em baixo da mesma mesa
Não tem graça, não tem graça, toalha de pic nic
Não tem graça, não tem graça, toalha de pic mic
Não quero saber por que você veio
nem de sua cerveja, seu gelo, sua ganância
eu também prefiro coisas
eu também prefiro coisas
eu também prefiro coisas
Seu filho ri, enquanto o meu chora
você chama o psicólogo
eu jogo você fora
chame o psicólogo!
chame o psicólogo!
chame o psicólogo! Agora! Chame o psicólogo!

CONTA-GOTAS

Conta-gota de lágrimas
cada qual cai num lugar
1, 2, 3 milhões a berrar
a berrar
pelas bocas que lástimas saem
com que velocidade elas caem
como se tudo parecesse pouco
elas derretem águas tristes
elas derretem águas tristes

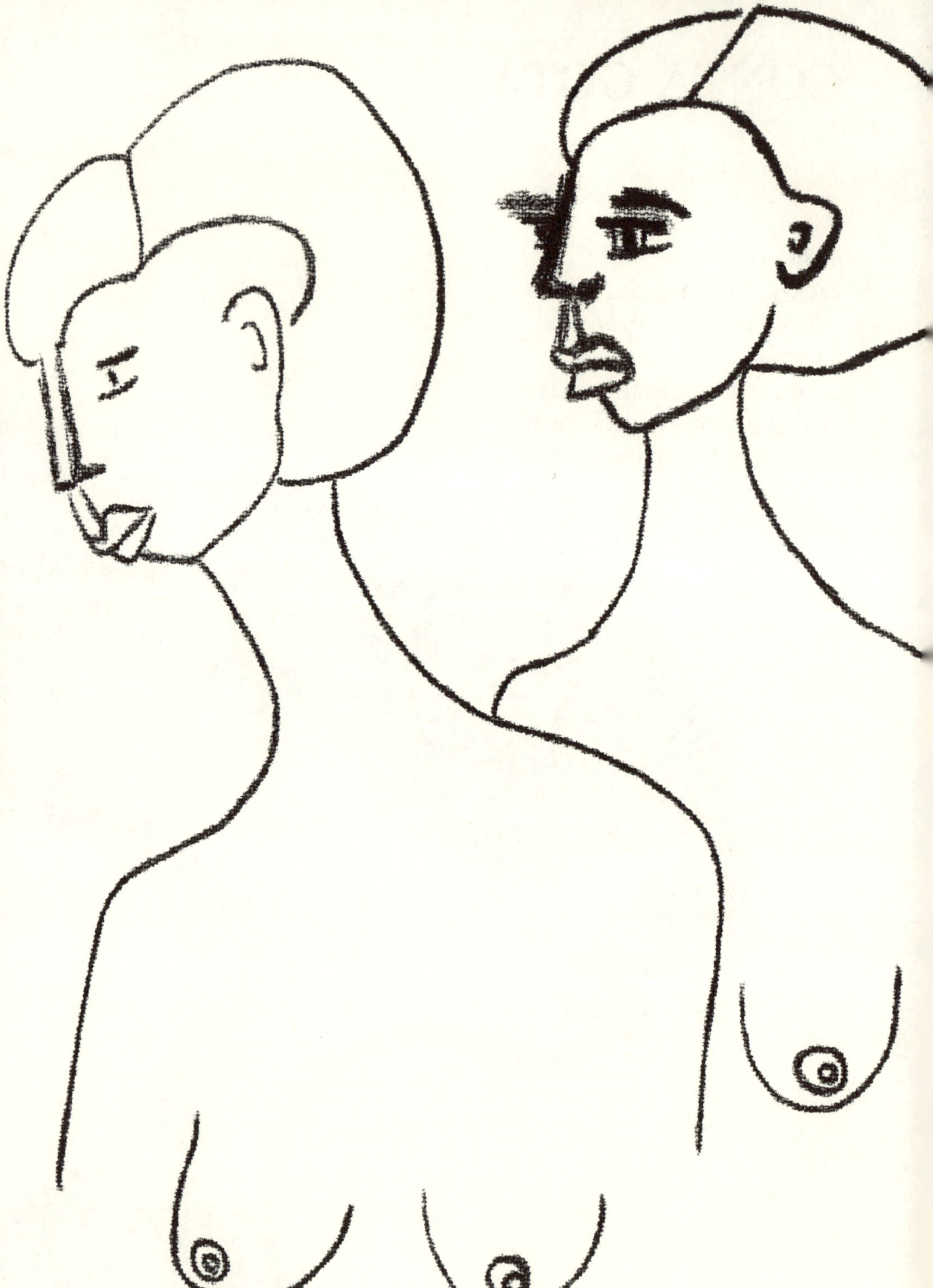

TUA APATIA

Mulher, tua apatia te mata.
Não queira de graça o que nem você dá pra você, mulher.
Não basta pra ficar tranquila não chegar na última honra
O que você vai fazer vai dizer o que vai acontecer com você.

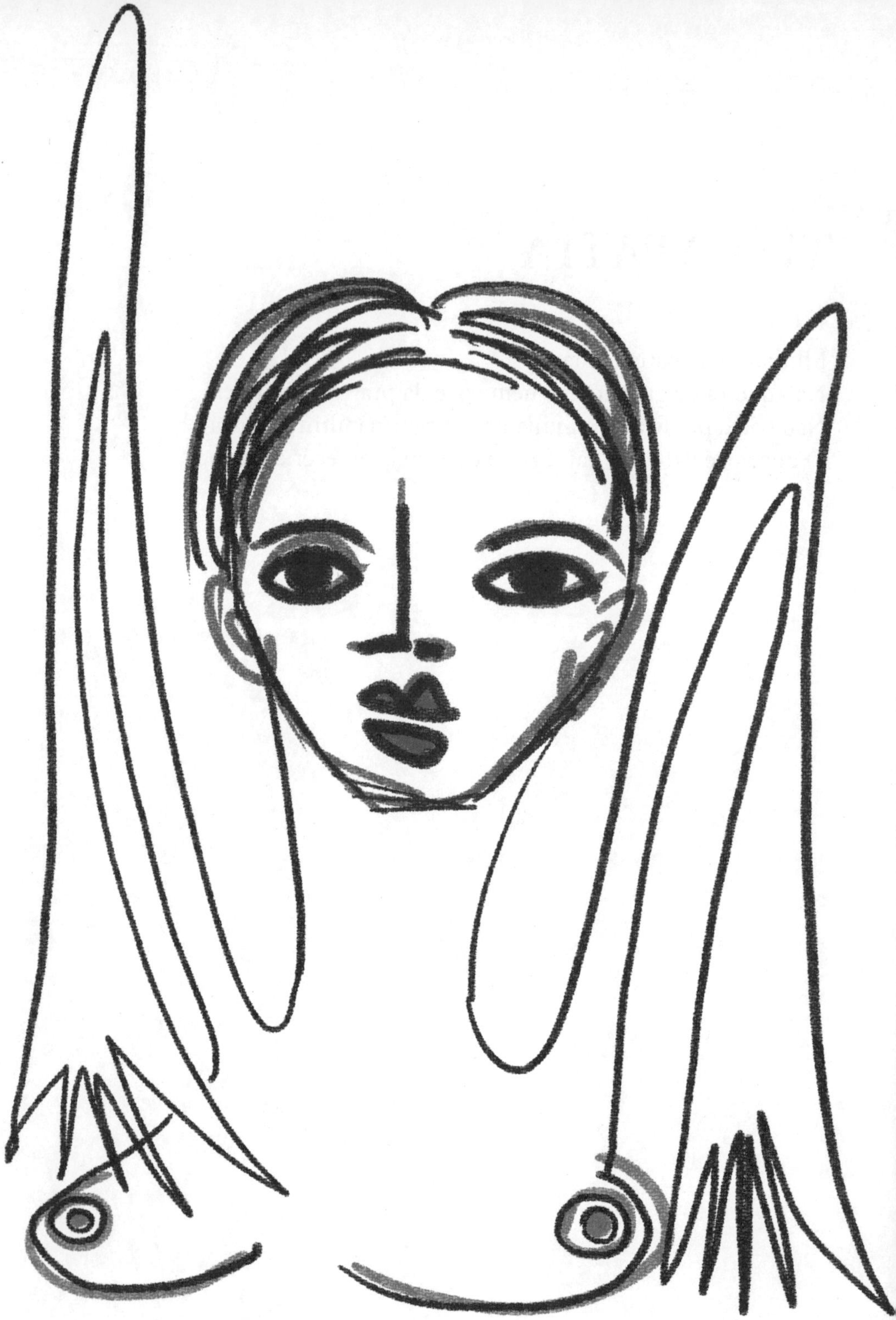

OLARIA DE NOITE FRIA

de noite processa
a agonia do braço arrancado
de poder, de pompa empossado
posseiros, índios, garantias
se tolhe argumento, intento
incenso de perfumar o dia
que molhem amargados escuros
podres de tanta agonia
os trunfos seguros da terra
os frutos maduros da via
se colham alargados, florindo
amarguem engolindo guerra

Na penumbra de toda elegia
cessa a pressa e a cria
o freio aperreia o silêncio
vaza argila na olaria
barro que molhava era rio
Vaza Barril

que esperava vazio
onde arde alvoroço há tempos
e há tempos a voz silencia
rangendo falta comida
tendo dela visão de longe

pega fogo a fome e consome
insone qualquer coisa que cure
e dure o tempo que salta
falta sentido nos âmagos
fogueira de estômagos e fúria
enguia cura e friaca
abarca o desprezo mútuo
opera a ciência parca

arregaça a carência no estúpido
ressaca, mar sujo batendo
na praia de noite, de leve
se preze seguro e tranquilo
limpo horizonte duro
rebento a sobrar na calçada
pessoa com placa pendurada
corpo igual a poste
pessoa desperdiçada

balança propaganda de edifício
condomínio melhor que aquele outro
vende bem, aluga e empresta
vestido de noiva e de festa
anuncia ouro, dólar e artista
livra pontos carteira de motorista

Vou ver se surte efeito
esperar olhar vagante
na rua de elementos vivos
trânsito duro e constante

vou no cinema velho
o que não existe mais
vou pro lado do espelho
sentar no banco de trás
pegar um balde
pipoca branca
pipoca tanto
pipoca sal

ou do pipoqueiro na rua
por menos dinheiro
com a manteiga pior
mas pipoca melhor
com a manteiga pior

me sentar no banco do cinema
falo na entrada, na parte da frente
onde entra o bolo de gente
começar a falar poema
e receber olhar em floral
de alguma metade de casal

vou falando em conta-gotas
derretido faltando bocas
pra receber como ouvidos
cada pilha tosca
cada sílaba tônica

aí chega o par faltoso
atrasado desconhecido
com convite amanhecido
do filme de super-herói

mancebo de ciúme rói
apesar de envaidecido
guardando retalhado agasalho
pra bem usar depois
em alguma coisa mal-educada
alguma coisa de dois

Coisa que nem é nada
que nem pra lembrar dela serve
fazer prece pro que não se entende
e até pelo que não se acredita
creditar aos outros acertos
elogiar qualidades e prazos
soltar fogos de valentias
e evitar embaraços

Que nem o homem da placa
no pescoço pendurada
passageiros chegam logo
quão mais apressados mais valiosos

Tempo é dinheiro no mundo de todos
mas pode-se pairar longe disso
e o planeta parar desistido

Decerto não entraremos no páreo
do áureo lucro do sucesso
não esperaria processo rápido
se o certo descoberto fosse
o que tem jeito fosse controlado
o universo alargado forte
o legado ligasse o foda-se
adorado porque mágico fosse

Pixo

Ele ia rápido, escrevendo numas formas bem bonitas e que eu não entendia.
Um pedaço parecia com um "e daí?".
Do lado tinha já um desenho bonito feito antes por outra pessoa.
Aquele era um muro bom mesmo. Cada centímetro preenchido e nada passando por cima do outro, um painel carregado de beleza, feita a sei lá quantas mãos.
Chegou um outro homem, uma mochila e uma lata.
Uma mina ultrarrápida mandou um "VEMK!"
Um pixo mais bonito que o outro. Violento mesmo!
Todos velozes e satisfeitíssimos com a tela.
Eu também.
Diariamente acompanhava a evolução dela.
Vou mimbora, que é vem a polícia.
Foi mais rápido e se beneficiou da contra-mão
o pedestre sempre se fode
freguês tem sempre razão

Policial desceu do camburão
tirou do bolso o telefone
tirou uma foto do muro
e mandou o retrato pra namorada
aproveitando o wi-fi da farmácia.

Tem amor quem pode

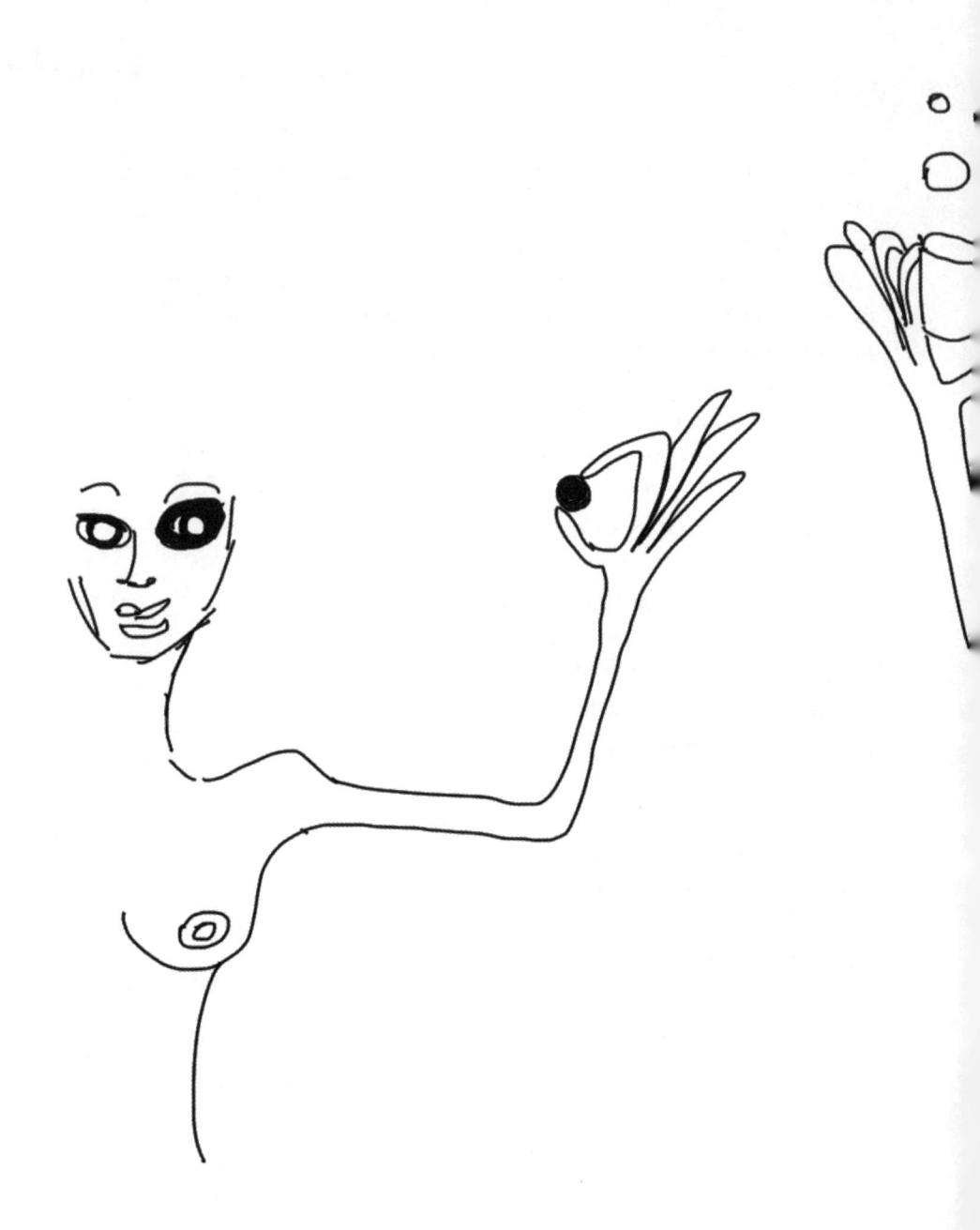

ALUGA-SE

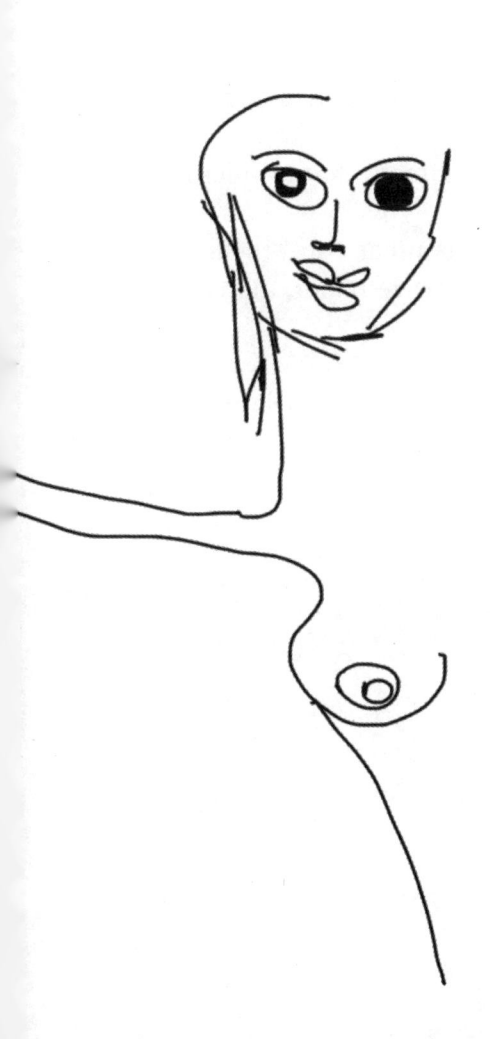

Faz-se crochê
trabalhamos com clichê
Hipnotismo
vampirismo
amadorismo
corpos astrais
leitura de pensamento
fenômenos de materialização
reencarnação
Matusalém
Old Parr
Nostradamus
mortos-vivos
Nosferatu

Praia Persona

Bem prateadíssima que estava a água.
Era uma tarde bem São Paulo estadual, lado da praia.
Aqueles restos de mata atlântica que suspiram na pele, arrepiando a sensação.
Aquela água geladíssima, meio grossinha, acho que bem salgada, talvez.
Aquele mormaço frio, inexplicável com meu vocabulário de praias outras.
Mas entrei devagar mar adentríssimo, na direção de um microrredemoinho que começava a se formar.
O espiral que a água fazia pra dentro tinha umas cores metalizadas, talvez micro peixes, talvez fugindo de um peixe maior, monstro mamífero marinho.

Mas o aspiral redemoinho sugava e depois cuspia aquele mar todo, jorro prateado e dourado, incessantemente e sem fim.
Sugava tudo o que via, cuspia e de novo tragava.
E causou hipnose na personagem.

Estação Santa Luzia

Na estação Santa Cecília desci de um lado do trem que também estava descendo uma mulher cega e lindíssima, moreníssima, arrumadíssima, maquiagem horário comercial, aquela mais difícil, que a dona bota um blush que se transforma em saúde, parece que não fez esforço algum e não fez mesmo.
Ela vai descer também.

— Quer ajuda?

Ela me olha com um não bem gentil.
Lá fora vou andando rápido, paulistaníssima, mas sem saber direito qual lado mesmo era o certo pra eu sair, pra ir pra loja de parafuso.
Ela foi na frente, num "me siga!".
E lá foi ela e sua varinha de mágica, me guiando até a saída certa.

Flora da Horta

Nem todos têm amor pra dar
a porta da casa fica aberta e batendo
quando tem casa
quando tá em casa
enquanto faz um café

A forma, a torneira torta
a fruta consumida na hora
verdura cozida da horta
que horta?

Suco espremido sugo
sumo de viva flor
mercado de trepadeiras nas paredes
tudo verde
exagerado no final

amargoso
pitoresco
refletindo
a dureza da luz
a dureza do poste
a dureza do preço

No pescoço
pingente grande fino
na taça o vinho
no brinde o alarme

Cor da parede
coral
na televisão
notícia de morte
normal

Ela é audaz
fugaz
melindrosa baby progresso pedra preciosa
nem só níquel
nem só metal fundido

C o r t a
t r o c a
sentido
semáforo
sinaleira
farol
farola
caixa vermelha
faixa branca
sinal fechado
abriu

O Chapéu de Mainá

O guarda disse pra mãe, como conselho pra filha:

Todos precisam controlar suas flores.
Aprenda a dominar seus jardins e perceberás o horizonte dos seus olhos.
(acho que ele é de igreja)
Como uma luz que acende nas mãos, joga o fogo na rua e sente a luz dura.
A morte te dá bom dia todos os dias.
(acho que ele não é de igreja)
No final o susto é dos outros.

O guarda?
Que guarda?

Que susto!

Do Bruto pra Rebentação:

Imagina de dia
de noite
mais tarde
imagina com que cara o dia ia chegar?
Cara sen sa cio nal
o valor estabeleceu-se
paguei o que era meu e peguei minha carcaça, só tinha ela.
E ardi no mormaço pesado, evaporando o morninho do asfalto de paralelepípedo imitando o original, da cidade Olinda, que é arredondado e cinza bem escuro. Disse Guga Marinheiro "isso é conceito", apontando pra pedra mais escura e redonda.
O melhor conceito de conceito.

O valor de cada qual é posto na última hora
o covarde,
ô de fora!

Daiquiri Press Lemon

Quem decide é a noite fria,
é o dia chegando e ditando o roteiro
quem decide é ela sempre
que decide madrugar
Daiquiri Press Lemon
dentro a bebida morna
fora o batom
seco e frio
sorriso daiquiri

E a mesma garrafa
Daiquiri Press Lemon
com sabor de batom

Esperando um som desde o dia de ontem
hoje já arde o sol pesado
manhã quente do lado de fora
gelado é dentro do copo
borda batom seco e frio

A marca de batom no copo
desviou tudo pra ela
tudo o que existia era em volta dela
aquela tatuagem ressecada no vidro

a noite não atravessou
parece todos dormem
e o som não chegou
nem o enredo do samba
nem o elenco que viria com ele

equilibra a garrafa, Daiquiri
pressão e distorção na madrugada
luminoso aceso cigarro
e taça Daiquiri
bebida trans

esperando o som
esperando sonho
vento e amortecimento
esperando com a mesma garrafa bêbada
eu chamo de mote
quero saber você chama de quê

Palavreado

Alimentei hoje o corpo trocando o nome das letras, trocando o lugar das letras e a maneira educada de passar a mensagem e descrever as situações.

A maneira educada de escrever, no que diz respeito às formas com que se comunica, de acordo com a medida que adota, o autor.

Ou não faço a menor ideia do que se passa por aqui.

Nem sei quem é o autor.
Não tenho nada a ver com isso.

Autor?
É você?
Que é isso?

Josef e Werner

Tocava piano e trompete lindamente e ia ser padre.
Era alemão. Era 1935. Países se aliavam e as coisas desalinhavam ad infinitum.
Algo errado na via.
Pegou um navio com um amigo quase irmão e outros tantos muitos desconhecidos. Era pro Brasil.
Irmãos que não entraram no navio, lá pras tantas, tiveram que ir pra guerra, violentíssima e gelada Segunda Guerra, onde um deles, então com 16 anos, teve que entrar.
Ouvia histórias sobre amizades que faziam de noite os soldados, amigos e inimigos e a suspensão de desespero que era isso. E voltavam a se matar de manhã. Doídos de morte, com almas estranguladas.
Matar outro é matar você mesmo, me disse uma vez.
Acredito profundamente.
Ele achava que eu queria fazer um filme (queria mesmo, mas passou) e me perguntou bem desesperado "por que você não faz um filme sobre o futuro?".
E pra dormir se cobriam com os cadáveres ainda quentes, de amigos e inimigos mortos no dia, era a maneira de não congelar e rezavam, sabe-se lá pra que Deus a essa altura, pra não se tornarem os cobertores da próxima noite.
Tudo era outra dimensão, outra interpretação, outra força, outra fraqueza.
Com que gosto na boca será que viveu?
O irmão a essa altura tinha chegado no Brasil já há um tempo.
Cresceu, desistiu de ser padre, amou Davina, reproduziu.
Conseguiu escapar de um inferno e caiu em tantos outros.
E até hoje espera o irmão voltar.
Eu te amo, vô.

São João

Frio danado, misericórdia!
São João com fumaça muita, mas fumaça de carro, quem diria que suportaria?
Fogueira providencial e de chama pequena
Na metade dela a chama amarela

Na metade do facho de fogo
a chama é pequena
e a metade outra é azul
precisamos dela

talvez precise atravessar a nado
pra conseguir a lenha
tem que nadar rápido
respirando pela boca
não cante até chegar do outro lado
a dança pode esperar no corpo
inspira
com ritmo nas pernas
não deixa cair
respira a festa

a boca soltando falas de veludo
avisando música
o corpo tremendo de frio e calor
estranha

Sequestrada por suas próprias guerrilhas de amor, se joga do Minhocão, na esperança de, no fogo do inferno, encontrar uma fogueira de São João.

Pra compensar

Um presságio do passado
chega em profecia e desespera
Com sede e sem arranque,
encerra o motivo do chorar.
Ceifa a névoa do amargar
fumaça do cigarro solta
pigarro, soluço na boca
coisa bela balanço e poesia
que faz bonito no passo que cria
e não cabe beleza pouca

em verdade tanto tempo fazia
sentia o tormento constante
do sujeito essa parte alarmante
e pedante tantas vezes por princípio
tão constante pelejar no vício
quanto distante era acalmar
pra deixar botar fé e desejar
sem quebrar, nem tirar pedaço
vingar na folha de papel almaço
poesia pra compensar

sem comparar, só na banca do improviso
a goga da soberba infinita
se afoga em braços aflita
não vê na frente figura
nem pranto ou alegria segura
salvando do apego enganado
nem lembrança do outro lado
anotando atrás da fotografia
na garganta o soluço ardia
alegria de não ser desperdiçado

Na direção do Chão

na janela da árvore que balança
lá vai ela pulando
cabeça
ombro
joelho
e pé
a árvore no balanço contrário
raiz
caule
flor
e fruto

Trabalho Escolar

A filha dela está fazendo na escola um trabalho sobre a superpopulação.
Isso também a preocupa, o mundo está inchando e poderá não suportar, todos morreríamos sem ar.
Daqui pra esse dia chegar as pessoas já terão trabalhado bastante.

Caçador

Foi ali na praia relembrar as cores.
Os erros são apenas sete, no máximo oito, como nos joguinhos de jornal.
Costurei sete fazendas com estampa de bichos.
Bichinhos listrados, micro zebras gordinhas, tigres astutos, esportistas de folga, em movimento.
Tinha um chafariz e um cemitério de pedras.
Na fresta da maior tumba tem um deus com um arco.
O arco é de madeira.
Coité de jurema.
Penacho colorido de caboclinho.
Preaca.
Na ponta da flecha, calda de manjericão, açúcar e mel.

Oxum

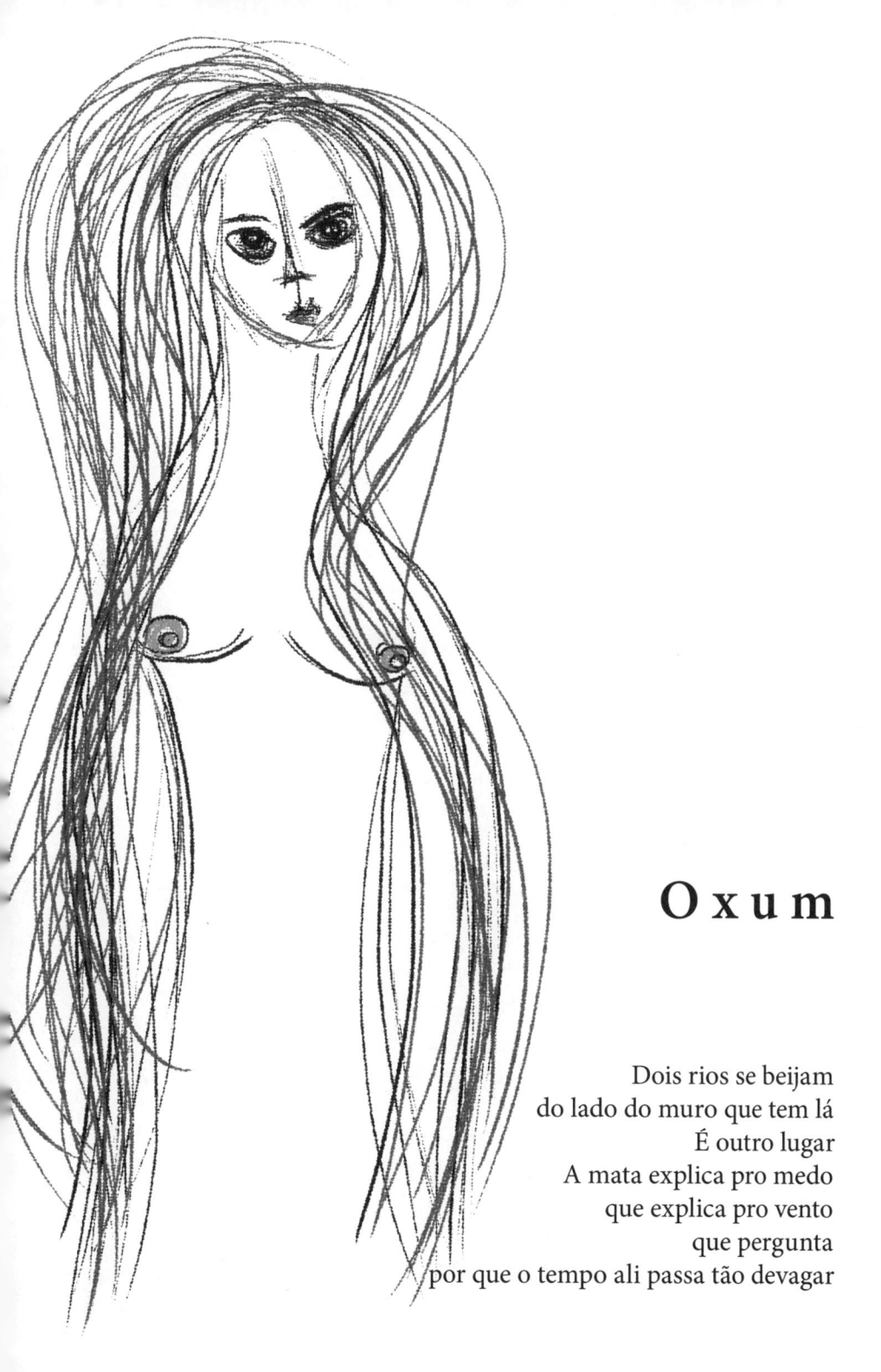

Dois rios se beijam
do lado do muro que tem lá
É outro lugar
A mata explica pro medo
que explica pro vento
que pergunta
por que o tempo ali passa tão devagar

Todo dia
acordar
se molhar e perfumar
preparar a dramaturgia

Todo dia de manhã
um pouquinho de ilusão
um pouquinho de café

Opostos

Laranja dourado escura
Noite clara
eclipse
óculos escuros amarelos
pulseira ouro branco
petróleo azul-cobalto
bota petróleo
óleo de rosa
pau-ferro

No Egipto todo mundo andava de lado

Essa planta é tão bonita que parece de plástico!

Monarquia

Seu rei mandou dizer
que quem sai correndo é peixe
e quem tem rei é um ovo

— Ah, mas assim não vou

— Mas quem disse que tu és bem-vinda lá?

— Apenas suposição, desculpa.

— Ah, bom.

Seu rei mandou dizer
que quem fez o crime
foi esse aqui

— Ah, mas quem pode provar?

— Não tem isso.

— Como assim?

— Não tem.

— Ah, tá certo.

Seu rei mandou dizer que.

Burca

Sua blusa é uma miniburca
a burca dela é só um blusão

Tá na mesa

Dissecar até secar o significado de tanta coisa solta que o casal falava. Pareciam não ter mais ânimo algum, nem vontade, só fardo e cuidados de amor até amado, mas de outro tipo, de um tipo sem calor, de um tipo dívida, de um tipo cansaço.

Domingo no lanche, no quadro da parede uma família, na televisão uma família, na mesa da sala uma família.
Qualquer coisa diferente disso parece fora de questão, fora do raio de ação, impossível mesmo.

A família da televisão é bem mais numerosa, na certa de caso pensado, pra dar sensação de alívio na família espectadora. Poderia ser pior.

Se aguentam.
Galeto, farofa e batata, pelo menos uma delícia.
Tem suas garantias, suas benesses.
Sobremesa.
Cafezinho.
Adeuzinho, até o Natal, pessoal!

Feras na Farra

Por que não sai do raso?
Tem medo de tubarão?

O coração é mais embaixo.
Mas não saberia ler meus sonhos de plástico
nem a intenção acolhida por mim.

Não saberia nem do umbigo
nem do resto.
Quanto mais do resto!
Muito menos do resto!

Guerreou

Explodiu a cabeça em milhões de tons de amarelo.
Toda luz que tinha ali dentro saiu com o barulho da bomba.
Estilhaços de vidro, metal retorcido, gritos e escuridão.
Nunca mais a vi, mas aquela luz ficou acesa.
Às vezes de olhos fechados ainda vejo.
E durmo, tentando ir pro início do começo.
Onde ainda não havia o ódio.
Onde ter raízes fincadas no chão não era a prisão.
Só queria um pouco de não querer.
Não querer ter estado ali, falei pra gente não sair!
Adormeci de novo.

Hoje já é dia na cidade bombardeada.
Dia claro demais, ou esse era o dia de ontem que me aparece na frente?
Era uma história de arma e música.
Porque alguma coisa tocava agora.
Costume ocidental.

Pulo e danço nervosamente, esperando talvez um fim nisso.
Um tiro. Um terremoto, que fosse.
Um banho de água doce.
Pulo e danço demais, os pés rachando de dor e sem sentir.
Pés cansando e meu amor voando pelos ares.
E um desistir feroz, que se aproxima decidido, quase bomba amarrada no corpo, esperando sua aparição.
A seguir, cenas dos próximos capítulos.

Covardia

Toque na lua, ajoelhe cem vezes, diga a verdade ou não, que eu acredito.
Só não prometo sanidade e nem prometo nada também, por gostar do desaviso.
Aliás, desavisado é o chão embaixo dos meus pés, pior que por vontade própria, própria de mim, tão avisada de mim mesma e fingindo.
Fazendo da capacidade de atravessar os dias a propriedade mais difícil e insuportável.
E ainda tem a covardia, o medo, a inconstância e mais defeitos ainda, que nem é preciso escancarar tanto.

Estelita

A todo custo os guardas dos castelos maiores de todos levaram embora tudo o que ele tinha.
O sofá velho, a geladeira velha, o colchão velho e rasgado, a bicicleta quebrada, mas que andava bem.

Engasgou que ficou mudo, engoliu lágrima tão salgada que secou o cano dentro do pescoço por onde ela passa.
Ele gritou, botou faixa, esperou acalmar um pouco e foi embora correr lá na frente. E ele, que normalmente sente tão pouco medo, correu com medo da foice.

Não corria só, mas com todos que tinha visto na vida. Porque o motivo era forte, era a sorte de um e de todos, corte de vida, fogo novo, com almas dos antigos presentes, com toda diferença entre os uns e os outros, feito cardumes de peixes misturados.

Feixes de luz armados, feito guarda-chuvas gigantes, chapéus sagrados dos céus, véus de quem na rua mora, sem luxo, justiça, sem hora.

Réus viram vítimas. Fazem crer que confusão é o nome. O nome é querência, derrame de vinhos de vontades, é o fim das paciências.

Na tormenta é sentir fome, é falar na primeira pessoa: não possuo o que não tenho e só conheci sendo seu.

Os suspiros não são de açúcar, são de sangue de mangue aterrado, com capa de asfalto quente, na ida e na volta intruncado, com sua umidade sugada, com seu próprio suor plantado.

E a cidade sente, ela é de gente.
Por onde andam seus pulmões?
Sua música de pés batendo nos passos, mesmo sem ser Carnaval e quando é também, andando por sim, sem rodas?
Aquelas suas cores?
Quanto tudo virar entulho possa ser muito tarde, possa nem valer a pena o esforço.

Tem gente no olho da rua, sem sombra de pestanas cobrindo. Moratórios, compulsórios, expulsos.

Às vezes ter posses pensa que é ter posso tudo.

Dia Manso

Era o moço da calçada fria
do dia que mais amara
era um dia manso

Faz um tempo que caminho lentamente
e isso não tem nada a ver com o resto das coisas

Porque aquele delírio valia tanto
quanto todas as coisas que acontecem por aqui, do lado de fora.

Relampejos

Frescuras mesquinhas
que estão contidas no amor
e delas só o amor entende
um de cada vez, devagar
como se houvesse muito tempo
ou como se o tempo
fosse esperar a gente almoçar
e porque uma hora
a gente sente um lampejo
e outra não
não temos autoridade nenhuma
sobre os lampejos

Dimensão

uma coisa dentro da outra
uma coisa dentro da outra
uma coisa dentro da outra

o mundo é infinito
antes do começo
e depois do fim

a terra é fértil e se nela as coisas não nascessem...

uma coisa dentro da outra
o mundo é infinito
uma coisa dentro da outra
antes do começo
uma coisa dentro da outra
e depois do fim
uma coisa dentro da outra
você e eu
não fazemos a menor diferença

a favor
de mim
eu
de ti
ti
de nós
eu

Fim dos tempos

Andando normalmente, vestindo azul, era inverno.
Uns insetos não esperados nessa época começaram a sobrevoar em nuvens de milhões de insetos por cima das crianças.
Havia dias não nos havíamos e enquanto os dias andavam a gente ia se perdendo.
E agora com os insetos e com esse frio.

Algum minuto resolveu parar e esperar os outros.
Foi tanto minuto atropelado, foi tanta gente sem se achar.
Muitos resolveram passar por baixo dos ponteiros e procurar suas pessoas, que era o que importava em minutos finais.
Procurá-las, cada uma, dentro de seus minutos perdidos, ou encavalados.
Uns acharam, outros não.
Enquanto pulavam sentiam o vento bater e corroer aquele tempo.

Os que encontraram esse tempo ficaram aliviados, não exatamente felizes, e os que não acharam ficaram loucos.
Todos tinham tido até então a mesma história, ou uma fazia parte da outra, de algum jeito.

Por uns minutos perdidos as diferenças viraram contradições sérias.
As crianças se tornaram adultos, uns bem, outros não, uns foram perfurados pelos ponteiros, ficaram enganchados, foram empalados.

E há ainda os que passaram tranquilos, não lembram de nada, riem dos que contam algo e choram escondido.

a	algo	há	a
três	no	algo	três
dias	tempo	errado	dias
da	partiu	no	da
partida	errado	tempo	partida

A	AH!	HÁ	A
TRÊS	O	ALGO	TRÊS
DIAS	TEMPO	ERRADO	DIAS
DA	PARTIU	NO	DA
PARTIDA	ERRADO	TEMPO	PARTIDA

Abuso de Poder

mil vezes a mesma coisa
faz a coisa parecer menos

ruim ou boa
sempre menos

Amor

Tendo pouco
o indivíduo
fica burro e apaixonado

sonhando com o mar de noite
as ondas batendo no vidro
se virando pro lado errado
dormindo troncho

fica esquecido
desorganizado
pura beleza da vida
só o que interessa

e se viciar?

Ficha de Emprego

Parece que está tendo um incêndio
e talvez esteja mesmo.
Estou sem ideia.
Favorecido: Karina Buhr Magalhães
Ação: refrescante
Na lua imagina o frio que não tá uma hora dessa!

Felicitad

Me voy andando
feliz e coerente
a felicidade é curta
e nem sempre sorridente

Um desejo:
que ela seja sempre ampla
plena e corredeira
pode ser escorregadia
se no fim for emendar em outra
feliz cena amena
e outras mais
outrossim
mais outra

Esôfago Perfurado

Esse carinho morno
que me dás de repente
vai te doer um mundo
minha querida

você é culpada
desse mal permanente
que te causo
como sinal de meu amor profundo

me agradeça
essa mentira doente
poluiu nossos segundos
me levou pro fundo
e não posso te deixar

querida minha
te levarei junto
disse o assassino

(aplausos do público)

Poperô Belezal

A luz do globo
multicolorando
as mãos de centenas,
quase mil,
na festa.

Cada mão um copo cigarro
no Carnaval todo mundo é ilegual

Selfloveless

O bom da sede é sentir alguma coisa, querer.
Porque só nos resta saber de vindas.
Exaltá-las,
visto os partires todos.
Se posso ir e suportar o caminho
também não quero nada
quero solidão.
Chega de corpo,
quebrar o osso do coração
num soco de navalha.

Selfloveless.

Um cuspe escarro alagando o cérebro
é preciso escapar sozinha
há um inimigo saindo de mim
e outro querendo entrar

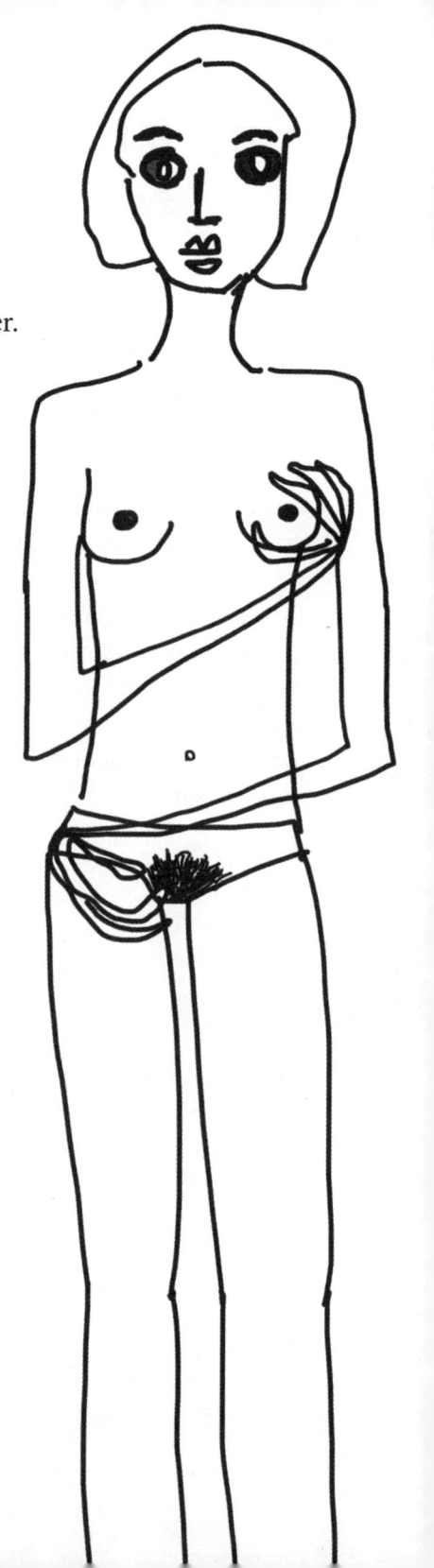

Âncora

Te sinto uma âncora
não sobressaio de mim nem quando me assusto
preciso recorrer ao passado
daqui pra frente
do jeito que vai eu não quero
vou conversar com o fim do mistério,
pra saber o que pode acontecer

Talvez não tenha jeito
mas o fim do mistério pode solucionar
vou falar com ele
oráculo
pra saber o que acontece depois
se me desancoro

Eu Monstro Você

Às vezes parecemos um monstro
por mais que tenha o costume
tem coisas que você vai me dizer
que eu não vou decodificar
não vou ter a senha

eu fabrico você
que me fabrica
e somos casal pré-moldado
feito a lanchonete gringa
feito tantos

normal
a mente fabrica o antídoto
eu complico
você complica
e a coisa é tão diferente
do normal

Solidão Inauguração

Driblando os defeitos das mãos
pra fazer de um jeito bonito
aprender novas modalidades
botá-las em ação

Tranquilo.
Acabou.
Agora é bater perna
bronzear o mofo.

Penso em coisas
coisinhas, elefantinhos
que colecionei com você
miniaturas, diminutivos
não quero mais colecionar com você

em eu me achando no meio da bagunça
o passado se converterá
em manhãs de sol

Medo

Nunca mais tinha tido medo
Tive medo ontem, hoje tive também e estou com medo de amanhã.
Tenho medo, tomo um copo de água com açúcar e pergunto o que devo fazer.
Primeiro tento.
Então tenho que primeiro achar meu caderno, depois a minha mente.
Eu não sei o que fazer.
Jogar ao léu
carteado
conchas
varetas
Yoió disse que deve se ter a mente pura e ligada ao centro, ao correto e inimaginavelmente bonito.
Isso de um modo geral.
Que a mente deve exprimir um porvir coerente com sua pequenez e sua plenitude, inclusive.

Posteridade

na fotografia
aquela profunda obscuridade festiva
essa felicidade forçada
alegria pública de casais pra multidões
contém espumas de tristezas
nas beiras das bocas dormentes
impacientes em dar satisfação

julgo todos eles
nós não
nós só beleza
Vossa Alteza

sigo o murmuro intenso no sonho
que me aconselha
durmo e te vejo
você acorda e me beija
vacilos invisíveis escapam
nem tão puros se guardam num canto escuro
ninguém lá fora precisa perceber
o que acontece aqui
só eu e você

pra fora somos como os das fotos
onde cabe nada além da beleza
que enche olhos, mas pouco ilumina
estamos difusos no amor
embora bastante aumentados pra opinião pública

Encosto Galeroso

Você sempre só tem a ganhar
na conversa de sofá
televisão canal normal
nada a declarar
Chegou, fincou bandeira
fundou seu império de princesas

sinto expor do meu romântico defeituoso modo
mas não dou conta dessa soberba
logo quando for chegar, me avise
pra não me pegar desprevenida
pra que eu não me confunda, meu bem
me dê a chance de desistir também
de atravessar a rua e partir no primeiro trem

espalhado por aí
não sei se quero encostado
muito menos de galera
aguarda aí, fera, tua vez na fila
talvez valha à vera
essa questão avacalhada
nessa instituição delicada:
um casal e uma casa

partes decorativas dessas falas
monótonas, pairando na pala
você, como nunca, sem igual
naquela crueldade profissional
e seu esplendorzinho alta-costura.
De onde vens, cara de pau?
Sai pra lá, criatura!

Você me feriu

Na delegacia nada a registrar
nenhum arranhão, nenhuma roncha no corpo.
O arranhão e o soco foram dentro.

Mãos

Eu derreto
ela derrete
e ela outra também

O jorro vai na correnteza
E faz tempo
Imaginação de longo alcance
curto-circuito acende pavio
e nascem fogos nos olhos das sereias
vão molhando feito choro
mel derramando no rio

ERA UMA VEZ
UMA CIVILIZAÇÃO
QUE CRIOU
UM MONSTRO
LIVRAI-NOS
DO AMIGO
ÍNTIMO
E CHARMOSO
O NOSSO
MACHISMO
SUBCUTÂNEO
QUE VIRA PARTE DA GENTE
VIRA NOSSO TRAVESSEIRO
NAS HORAS DE FRAQUEZA
NOSSA MULETA
NO CANSAÇO DO COMBATE

Carangueja

Você mora onde?
Eu?
Não moro, improviso.

A água fervida e morninha
já passei vestido de oncinha

rói cancerígena, sem saber
que falta faz não sofrer

Logo me resta encher sua bola
levantar seu salto
pra ela sorrir quando precisar andar por aí

Emburrado

O brabo emburrou
emburreceu
mudou tudo
embriagou
permaneceu
mudo

Plano Piloto

Cheios de planos
cuidados

Cuidado
atravessar devagar
voar

Carcaça
com amor na mala

Passe livre
sad hortelã
passa
destelha
levita pesado

Calor na calma
chuva de adorno
parece amor
que parece amora
amorna a alma
calma nenhuma

Forno brando
preço do amor eterno

Cuidado
andar com energia
propagar os dias

estou assim mas é o orvalho

Nomeio

no meio
do freio
aperreio
e acelero

acelero
e bato
erro no traço
esqueço do trato
e te nomeio

novelo da vida minha
novelo de novela
não novelo de lã

Pimenta no Corte

A sede
dá-me água
dá-me a lata
que tens
e eu não

Amassa o diabo
e dá o pão

língua ferina
dou-te o sangue
do assalto
sangue frio

não fazes ideia
do que a fome

mordo tua civilidade
dou-te o sangue

educação polida
podre
dá-me um pão
pode?

Satã Guria tã

Brabeza, sua boca não tá sã.
Vãs vão as vontades dos outros e vão todos juntos a lugar algum.
Boca, sua destreza depreciadora dança no palco e grande plateia.
Eles não estão vendo graça nela, gostando, dando, vendendo nem emprestando.

Você não tem saída, verdade seja dita.
Sua tristeza arrombando aí dentro, no peito
estreito, flambando fúnebre.
Líquido quente esborrando o poço,
enchendo lágrima de veneno, secando o copo e o leito.
Fondue dos inferno.

O vampiro chupa seiva, suga o tecido lúgubre, de morto, pessoa já gelada.

O amor empalado no fundo do peito oco, a flecha dos desenhos é amenizando, o corpo está de jeito péssimo, mas ótimo se for pensar.
Braba, isso é só pesadelo, relaxa, que as coisas não vão melhorar.

Pois tenha na sua cabeça que me encantei pelo intento, mas amanheci sem vontades. Não tenho a parte em dinheiro, deixo sempre pra mais tarde.
Não tenho esperança, nem choro por isso, só desisto mesmo, sem arrependimento.
Eles não vêm voando no vento, mas eu deixo vir e deixo ir e faltar rapidamente.
Palpito um pouco, sem nenhum entusiasmo.

Melhor na mão que dois voando, melhor que a mão de quem tem medo de voar.

Voar é parecido com isso, é quase suicidar.
Voar é o último estágio e é responsa de fé.

Amarras de Menina

Num revezamento contínuo de lendas

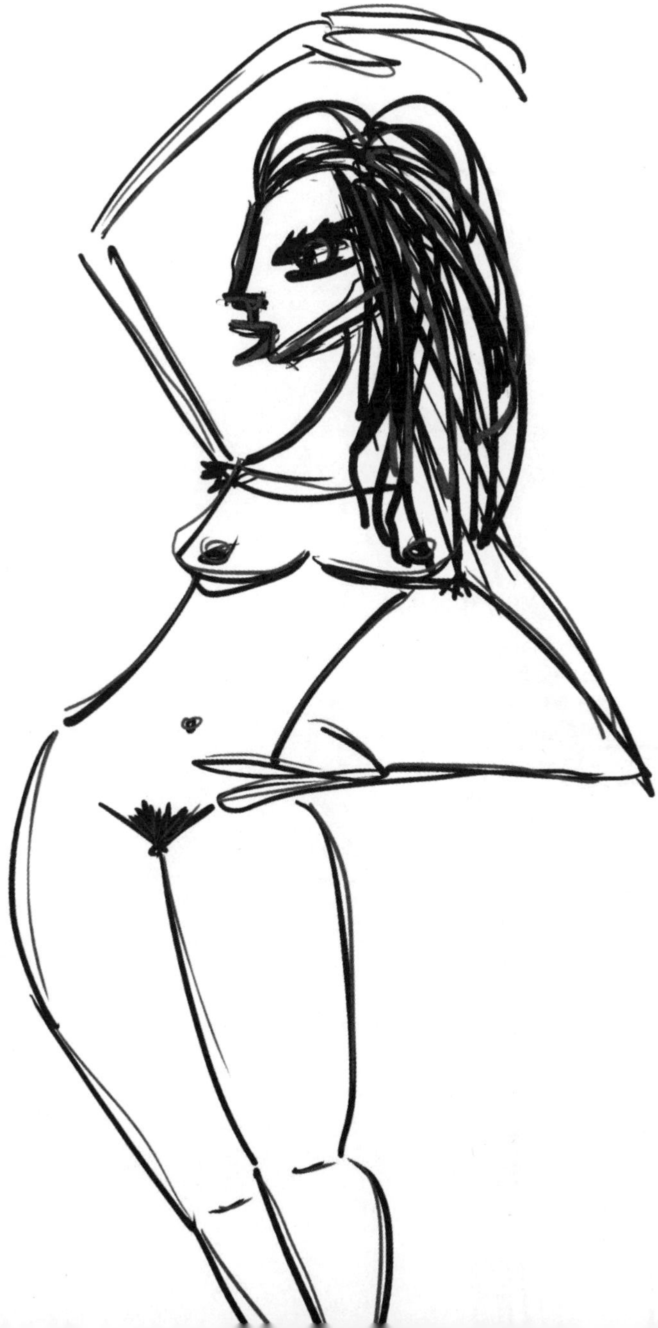

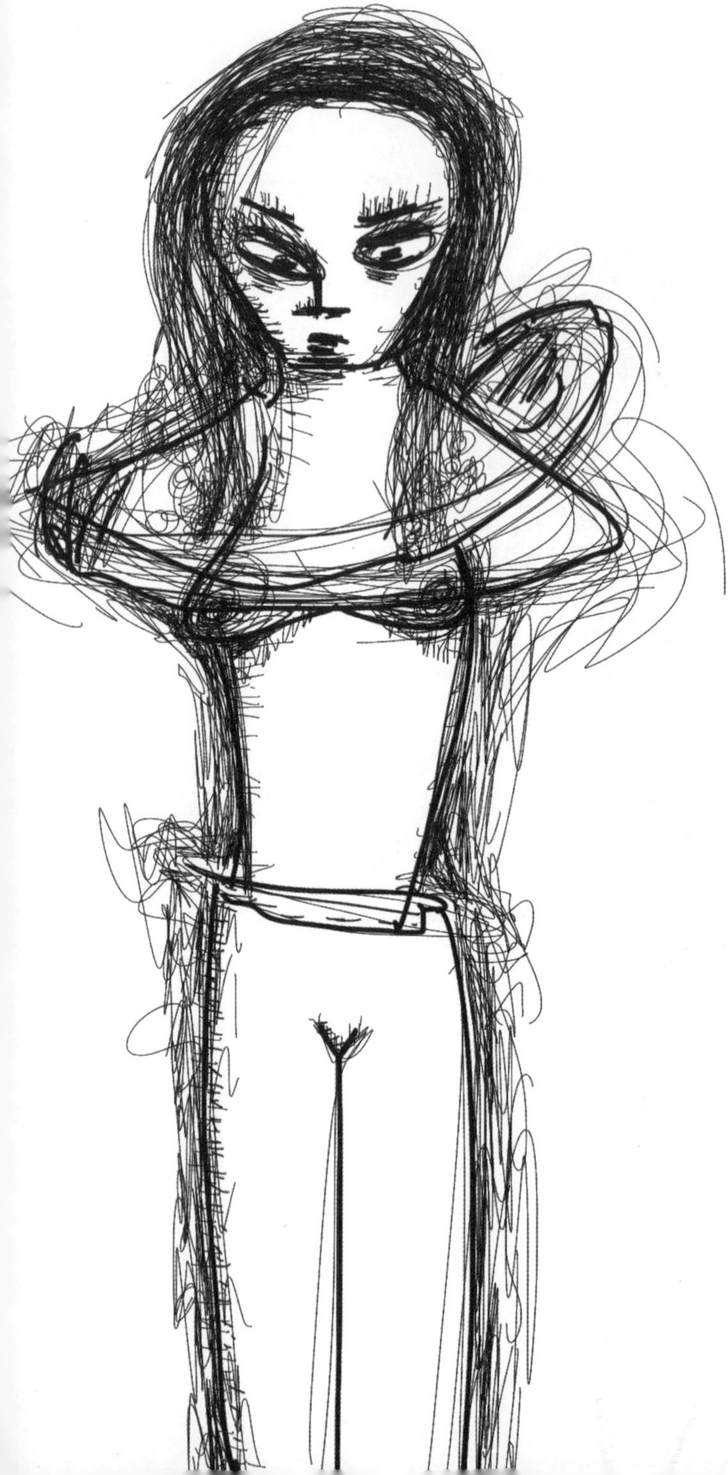

No dia seguinte da morte
Pra Severo

No dia seguinte da morte
paredes são mais brancas e grossas
beges e concentradas
consistentes e maciças

no mundo bem louco do mundo
o tempo é impreciso
gigante com dias contados
com fim fictício e embriagado

No dia seguinte da morte
parece que a sorte acabou
que nada foi de verdade
tudo torando bruto
susto no soluço

No dia seguinte da morte floresce amor pelos poros
brilho escorre das pessoas
amigos, caixões de madeira
alças de metal, pó de gente, neon azul
pó de corpo de amigo
beijo e palavrão
PowerPoint e buffet de cemitério
com um cimento caro por cima
ou areia barata
pode ser vala comum
teto de vidro
cova coletiva

Um skate, uma bicicleta
mulher linda de Lyra
um reggae, um frevo e um samba
traduções de anjos

procuro vocês nas nuvens sempre que passo de avião
cinema divino ao vivo
roteirista prêmio máximo!

as rezadeiras sempre estiveram certas
as ciganas também
daí essa amplidão religião

gargalhadas ecoam
na irmandade saudosa e doída
a gente apita de chorar
espreme o que tem dentro pra fora
perde o centro e a hora
o corpo fica pequeno
acaba o norte e o veneno
no dia seguinte da morte

Mentira de verdade

Percebendo o pulso do correr da vida
vendo o que não via

vende-se ânimo
valentia
coragem

vendo o passar dos dias
vendo a alma
vento que perdi

vendo que
é mentira o que dizem os filmes de amor

vendo que
é mentira o que dizem os filmes pornô

de verdade só os filmes de terror

Talvez e Principalmente

Não é **só**
é principal**mente**

doen**te**
de**mente**
conten**te**
preguiço**so**

Não é **só**
é raramen**te**

digno
decidido
concentrado
no alvo

Não é **só**
é insisten**te**

corren**te**
passageiro
motorista
presto
rapidíssimo
inconstan**te**

Não é n**ós**
é **tu**
e **eu**

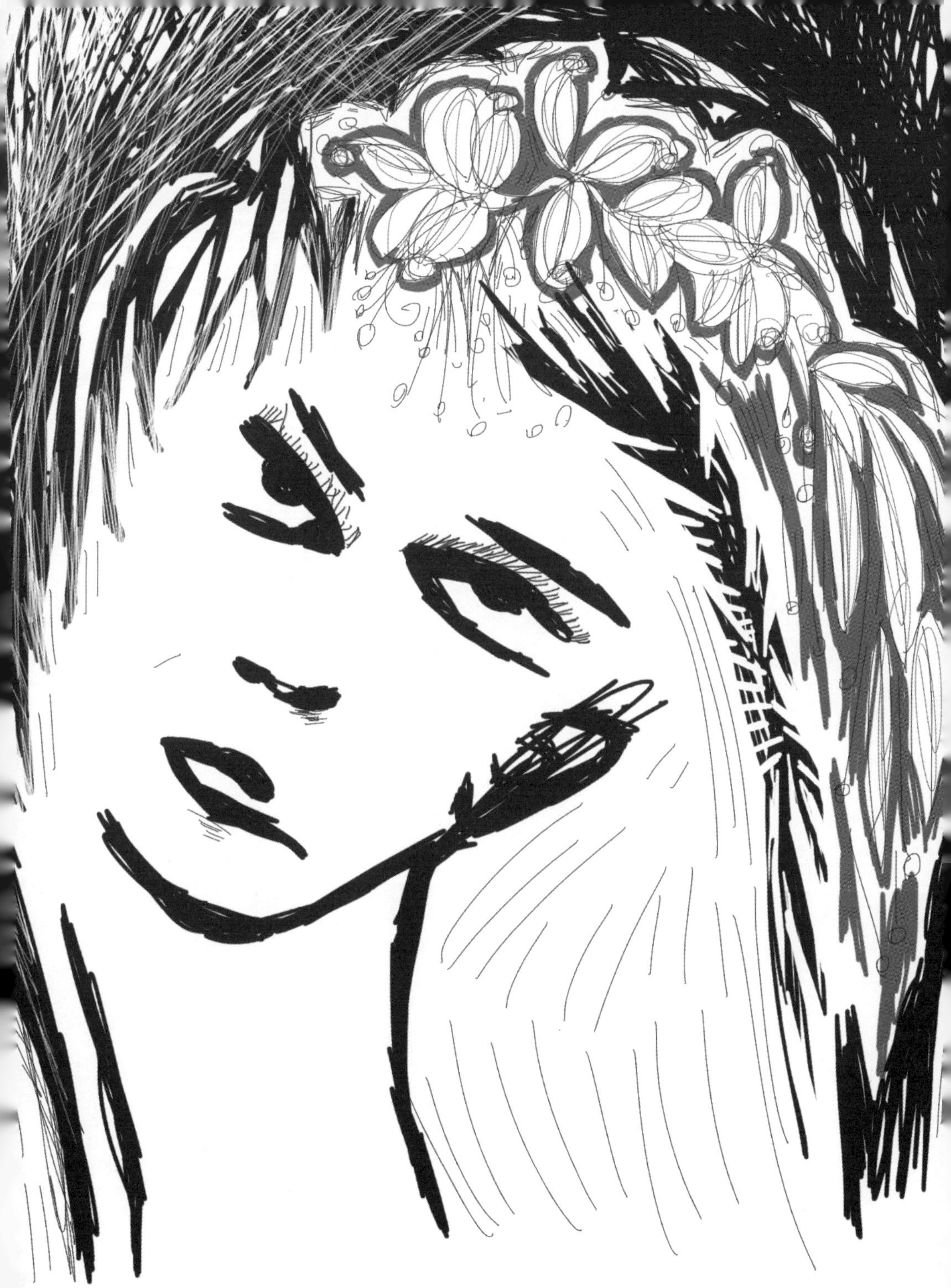

Da primeira vez chorei
da segunda vez chorou
da terceira comprei:
um globo terrestre
uma escada
e um vibrador.

Pode ser triste ou feliz o fim do amor.

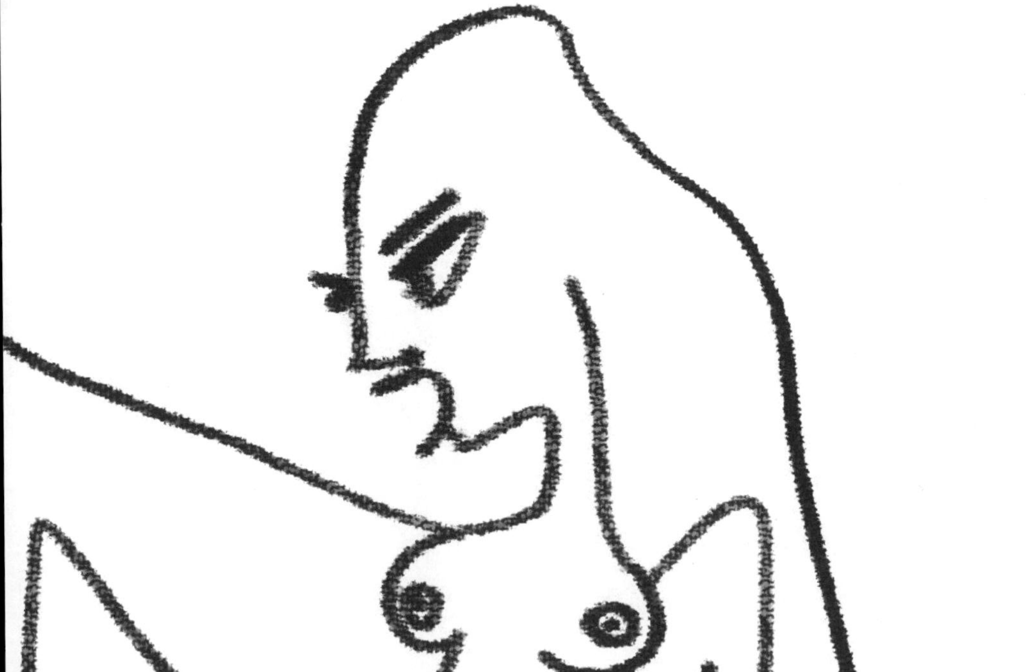

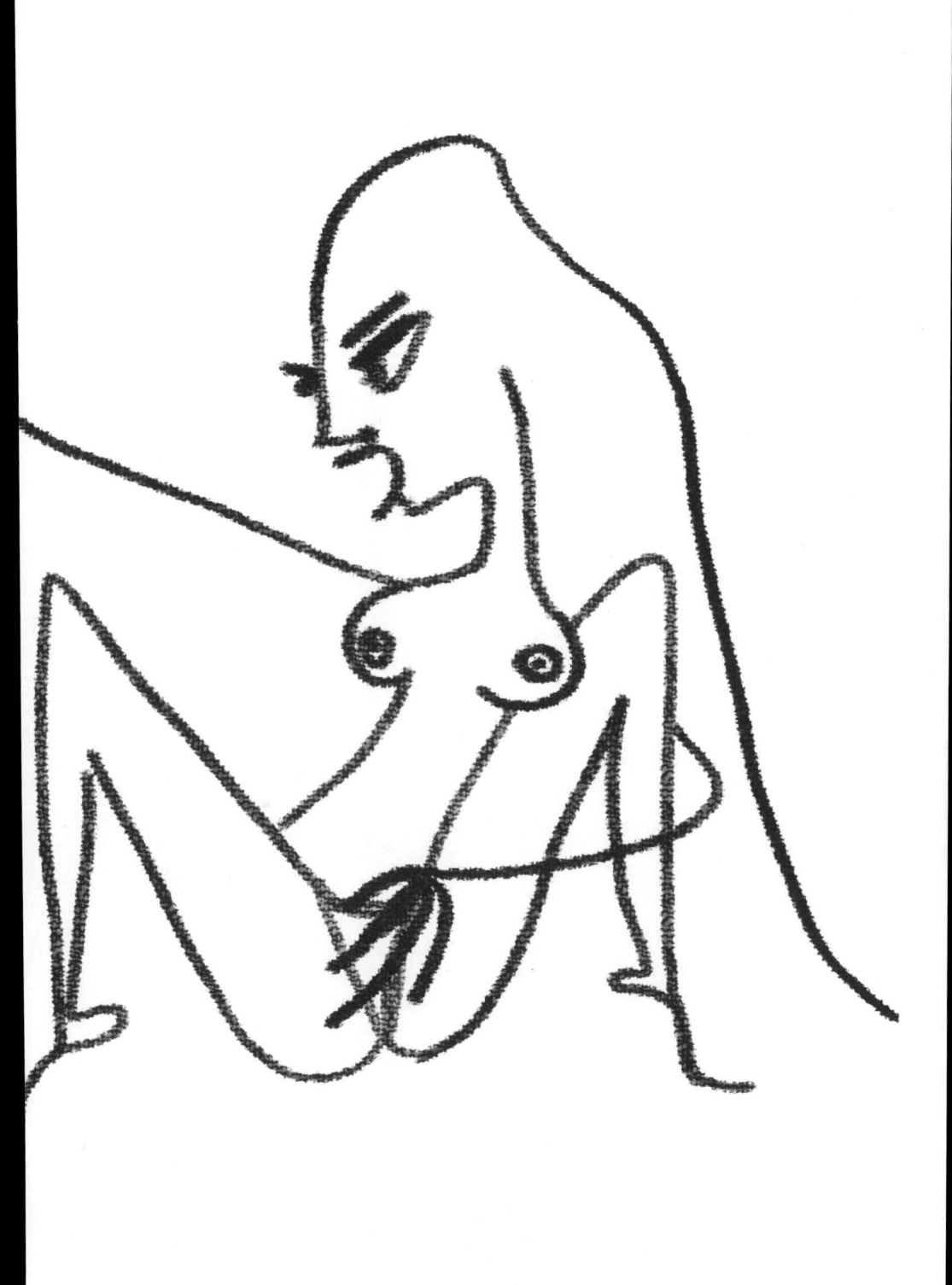

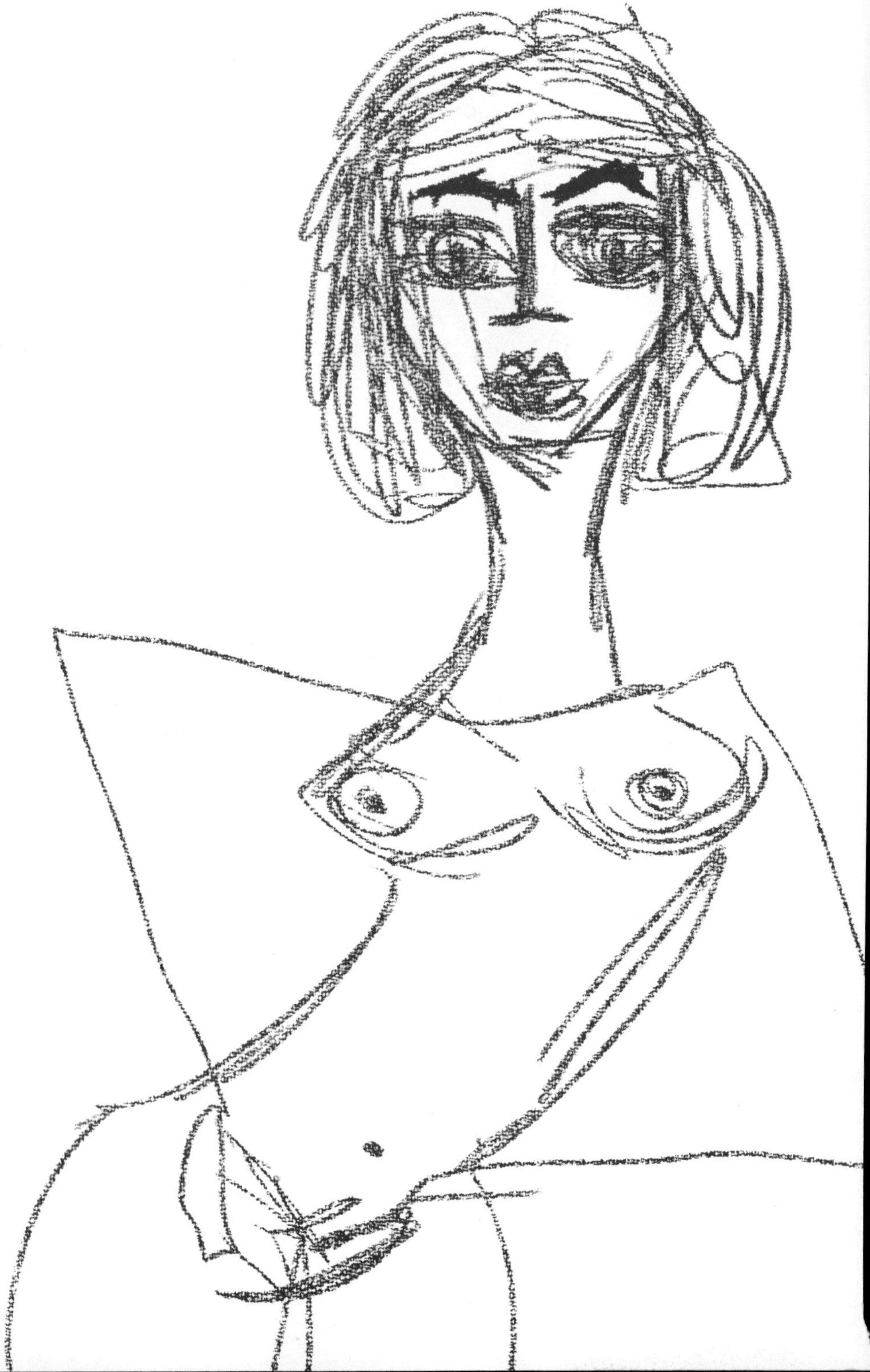